BIENVENUE DANS LES CINQUE TERRE !

© JENIFOTO – ISTOCKPHOTO

Vernazza.

Précieux écrins de nature, d'art et d'histoire, les Cinque Terre et le Golfe des Poètes séduisent le monde entier par leur charme intemporel. Région aux paysages féeriques suspendus entre réalité et légende, chacune des *Terre* est ici un univers en soi qui ne demande qu'à être découvert par le visiteur curieux.

Du bourg de Vernazza et ses légendes de pirates, à celui de Monterosso chanté par Montale dans ses poésies, au paysage de Riomaggiore célébré par les artistes peintres, en passant par Lerici, théâtre enchanteur de tragédies romantiques, les secrets de cette région se perçoivent dans le chant des cigales et dans le parfum du maquis.

Partez donc plonger dans les eaux claires, croquez à pleines dents des *focacce* bien huilées, sirotez un petit blanc parfumé et promenez-vous le long de sentiers pittoresques qui sillonnent les collines... Difficile de résister à la subtile alchimie qu'exercent les Cinque Terre depuis la nuit des temps.

© YAWGMOTH – ISTOCKPHOTO

Château de Portovenere.

SOMMAIRE

© STEVANZZ – ISTOCKPHOTO

Riomaggiore.

DÉCOUVERTE

VISITE

PENSE FUTÉ

Cinqueterre
Levanto
Legnaro
Fontona
M. Crocetolla 603
M. Pizzolo 703
M. Martinasca 684
M. Soviore 619
M. Montenegro 443
Madonna di Saviore
M. Ve o Focone 486
M. S. Croce 622
Monterosso al Mare
Madonna di Reggio
Vernazza
S. Bernardino
Corvara
Pian di Barca
Cima del Perdono 358
Polverara
M. Cravadora 639
Bertogna
Camedone
M. Malpertuso 815
Bovecchio
Ponzo
Ricco del Golfo di La Spezia
M. Baudara 750
M. Montorone 289
Debbio
M. Gaginara 772
M. Garana 671
S. Benedetto
M. Vissegi 348
Quaratica
Crocetta
M. Capri 786
M. Due Fratelli 662
Vergassola
PARC NATIONAL DES CINQ TERRES
M. Galera 727
M. Casao 585
S. Anna
Plage de Guvaro
Carpena
Corniglia
Groppo
Volastra
Madonna della Salute
M. Verrugoli
Manarola
Biassa
Riomaggiore
Madonna di Montenero
M. Fraschi
M. S. Croce
La Spezia
Piano di Follo
Vara
Ceparana
Piano di Valeriano-bottagn
Parc naturel de Montemarcello-Magra
Valdurasca
Madonna di Buonviaggio
Vezzano Ligure
Arcola
San Terenzo
Guercio
Fezzano
Lerici
Campiglia
Le Grazie
Portovenere
San Pietro
Parc naturel de Porto Venere
GOLFE DE GÊNES
MER LIGURE
Sanctuaire
Monts
0
4 km
N

Vernazza.

DÉCOUVERTE

LES PLUS DES CINQUE TERRE

Un monde de vertige et de couleurs

Au fur et à mesure que le train approche de Riomaggiore, Manarola, Corniglia, Vernazza et Monterosso, les Cinque Terre, la beauté du spectacle saisit comme par enchantement : une succession de collines cultivées en terrasses plonge à pic dans la mer bleue. Parfois le train semble presque planer sur l'eau : d'un côté les vagues, de l'autre le maquis. Bruyère, genêts, pins maritimes succèdent à des vignobles qui semblent défier la loi de la gravité. Tout regarde vers le bas. Ici et là, de petits groupes de maisons ajoutent une touche de couleur au vert de la végétation. Quel que soit le temps, les couleurs et la lumière ont ici mille facettes. Un paysage que vous ne serez pas près de voir souvent ailleurs.

© STEVANZZ – ISTOCKPHOTO

Le port de Vernazza.

Un engagement générationnel

Dompter la nature et faire d'un éperon rocheux un terrain fertile, voici le pari gagné par les habitants des Cinque Terre qui produisent du vin et de l'huile depuis le XIIIe siècle. Un travail titanesque qui a poussé, dans les années 1980, ceux qui chérissent ces régions à rassembler leurs forces pour redonner vie à ces lieux, victimes de l'exode rural. Les 7 000 km de murets en pierre sèche de soutien ne passeront pas inaperçus lors de vos promenades. Plusieurs coopératives agricoles se dévouent quotidiennement pour arracher à une végétation sauvage des langues de terre pour en façonner des terrains fertiles. Une réussite humaine qui permet de cultiver non seulement la vigne et l'olivier, mais aussi des fruits, légumes et plantes médicinales.

Le paradis des marcheurs

Comme les doigts de la main, les cinq villages sont liés entre eux par un dense réseau de chemins qui se faufilent au milieu du maquis, entre les buissons de genêts et les citronniers. Même si vous n'êtes pas un grand marcheur, en parcourir au moins un tronçon est quelque chose d'incontournable pour saisir l'esprit de ces terres millénaires. Ils ne demandent pas d'entraînement particulier, mais simplement un bon équipement. Prévoyez donc des chaussures de marche, de l'eau et, selon la saison, un chapeau ou de quoi vous couvrir.

Une destination à portée de main

Dans la région, art, nature et activités sportives sont rassemblés sur une distance totale de 15 kilomètres seulement ! En effet les cinq bourgs, La Spezia et les localités du golfe des Poètes ne sont qu'à quelques minutes de train l'une de l'autre. Plus agréables qu'un métro, plus simples qu'une voiture, trains et bateaux (en saison) vous permettent de rejoindre facilement chaque destination. Quant à ceux qui ne préfèrent compter que sur leurs propres moyens, les sentiers n'attendent que vous !

Des saveurs d'antan

Dans une région où terre et mer se mélangent l'une à l'autre, la pêche et l'agriculture ont été mises au service de la bonne chère. Anchois, fruits de mer, bars, mais aussi citrons, raisins, olives, fromages et herbes aromatiques sont autant d'ingrédients qui envahissent les tables de manière quasi religieuse. Les avis sont unanimes, ces petits produits ont ici une saveur et un parfum incomparables. Essayer les recettes locales comme le *cappon magro,* à base de viande de volaille et de légumes, ou le *tian d'anchois*, composé d'anchois, de tomates et de pommes de terre, équivaut ici à se replonger dans la tradition pour un voyage à travers le temps. Les saveurs et la manière de les assaisonner n'ont pas changé depuis des siècles.

DÉCOUVERTE

Manarola de nuit.

LES CINQUE TERRE EN BREF

Pays

- **Nom officiel :** Italie.
- **Capitale :** Rome.
- **Superficie :** 301 340 km^2.
- **Langue :** italien.

Population

- **Nombre d'habitants :** 61 855 120. Environ 5 000 habitants dans les Cinque Terre.
- **Densité :** 205,3 hab./km^2.
- **Taux de natalité :** 8,74‰.
- **Taux de mortalité :** 10,19‰.
- **Espérance de vie :** 82,12 ans.
- **Taux d'alphabétisation :** 99,2.
- **Religion :** catholique.

Économie

- **Monnaie :** l'euro (€).
- **PIB :** 2 144 milliards de dollars.
- **PIB/habitant :** 33 915 $.
- **Taux de croissance :** -0,2%.
- **Taux de chômage :** 12,4 %.
- **Taux d'inflation :** 0,1%.

Décalage horaire

Aucun décalage horaire avec la France, la Suisse et le Benelux. 6 heures de décalage horaire avec le Canada.

Climat

Un des principaux atouts des Cinque Terre est leur climat tempéré extraordinaire, avec une amplitude thermique annuelle réduite, des températures hivernales extrêmement douces et des précipitations modérées.

- **Températures moyennes hivernales :** de 7 à 14 °C.
- **Températures moyennes estivales :** de 25 à 30 °C.

Le drapeau italien

Le drapeau italien se serait inspiré du drapeau français, et ce, suite à la campagne napoléonienne menée dans la péninsule à la fin du XVIIIe siècle. La bannière tricolore est adoptée officiellement par la république Cispadane (Italie centrale) en 1797, suivie par la république Cisalpine (Italie septentrionale) ainsi que par les autres républiques jacobines de l'époque. Le blanc et le rouge représentaient les couleurs de la république de Milan et le vert, la couleur des uniformes de la garde civique milanaise qui s'était ralliée à Napoléon. Abandonné à la mort de Napoléon en 1815, le tricolore est repris en 1861 et devient le drapeau du royaume d'Italie. Il est alors enrichi des armes de la maison de Savoie qui disparaîtront avec la chute de la monarchie. L'étendard sous sa forme actuelle naît lorsque l'Italie devient une république, le 1er janvier 1948.

Riomaggiore.

LES CINQUE TERRE EN 10 MOTS-CLÉS

Caruggi

Ces venelles étroites et enchevêtrées comme dans un labyrinthe sont un élément caractéristique du paysage urbain des Cinque Terre, tout comme dans les autres villes ligures d'ailleurs. Pensées de la sorte pour disperser les envahisseurs en cas d'invasion, les *caruggi* font encore aujourd'hui perdre au visiteur son sens de l'orientation. Cependant, sachez qu'aux Cinque Terre, il vous suffira de suivre la pente du terrain pour vous rapprocher du bord de mer.

Fortifications

Pour se défendre des constantes incursions des pirates, les habitants des Cinque Terre ont construit des fortifications entre le XIIIe et le XVIe siècle. Bien qu'il ne reste plus aujourd'hui que des vestiges des anciennes forteresses qui protégeaient chacun des villages, vous apercevrez encore ici et là, les restes d'une tour de guet, d'une enceinte ou d'un bastion. Souvent ceux-ci ont été réutilisés pour y construire des habitations, voire un cimetière, comme par exemple à Riomaggiore.

Mer

Si les habitants des Cinque Terre ont longtemps tiré l'essentiel de leur subsistance de la terre, il ne faut pas oublier que les cinq localités restent avant tout des villages de pêcheurs. Où que vous soyez, le bleu de l'eau ne quitte jamais votre champ visuel. La mer est ici l'élément incontournable du paysage, dans lequel se reflètent le blanc des falaises rocheuses, le vert du maquis et les façades peintes des maisons.

Murets

Ces petits murets en pierre sèche (*muretti a secco*) qui meublent les collines autour des bourgs, constituent la particularité même du territoire des Cinque Terre. Alignés, ils couvrent une distance de plus de 6 000 km ! Ils sculptent le paysage dont ils modifient sensiblement l'orographie et soutiennent les terrasses cultivées en évitant les éboulements. Ayant besoin d'entretien constant et attentif, aujourd'hui faute de main d'œuvre, seulement un quart de l'ensemble des murets d'autrefois a été conservé.

Poètes

Ce n'est pas sans raison que le Golfe de Poètes, entre Portovenere et Lerici, est tant aimé par Lord Byron et Shelley. Grâce à la beauté de son cadre naturel et de la luminosité incroyable de la mer et du ciel, cette terre a fasciné poètes et écrivains tout au long de l'histoire. Les trois grands noms de la littérature italienne du *Quattrocento* – Dante, Pétrarque et Boccaccio – parlent de Lerici dans leurs œuvres. Pétraque, tout comme bien plus tard Gabriele D'Annunzio, ira jusqu'à tisser les louanges du bon vin local. Au début du XXe siècle, le prix Nobel de littérature Eugenio Montale tire son inspiration des paysages de Monterosso, alors que l'écrivain Mario Soldati chantera à plusieurs reprises les beautés de Tellaro et de Fiascherino.

Sanctuaires

Fruit de l'extrême dévotion populaire depuis le XIIIe siècle, cinq sanctuaires s'élèvent sur les hauteurs au dos de chacun des bourgs. Des chemins de croix les relient aux habitations ; encore aujourd'hui les jours de fête les processions religieuses grimpent les collines escarpées pour rejoindre les églises. Un sentier panoramique relie entre eux les cinq sanctuaires, la *Via dei Santuari*, un parcours parmi les plus intéressants du parc national.

Sentiers

Une grande partie du succès des Cinque Terre est due au dense réseau de sentiers qui recouvre telle une toile d'araignée le versant côté mer des Alpes Ligures. Pendant des siècles, les sentiers étaient la seule voie de communication terrestre entre les cinq bourgs ainsi que vers La Spezia, vers Gênes et l'arrière-pays. Aujourd'hui, les parcourir constitue un excellent moyen de découvrir et apprécier les Cinque Terre.

Sciacchetrà

La *Sciacchetrà* est sur les lèvres de tous les locaux, au sens propre comme au sens figuré. Produite en quantité limitée (ce qui justifie son prix élevé), cette liqueur locale ne se trouve que dans les Cinque Terre. Avec un léger arrière-goût de miel, de vanille et de fruits cuits, la *sciacchetrà* s'apprécie en dessert, avec du fromage et même avec du foie gras. Soyez sans crainte, son titre alcoométrique ne dépasse pas les 17°.

Terrasses

Construites à la sueur du front des habitants des cinq bourgs, les terrasses cultivées sculptent les pentes douces des collines de la région. Bâties en gradins à l'aide de murets de pierre pour les soutenir, les terrasses deviennent de plus en plus étroites en descendant vers la côte jusqu'à n'abriter plus qu'une seule rangée de vigne qui semble se jeter dans la mer.
Loin d'être de simples plateaux linéaires, ces paysages en terrasses sont le résultat d'une infinité d'ajustements techniques pour niveler le terrain, pour équilibrer les murets en pierre, pour l'écoulement de l'eau ainsi que pour faciliter les déplacements humains à la verticale comme à l'horizontale.

Vigne

Sans aucun doute, la vigne est la reine incontestée du paysage des Cinque Terre, de Monterosso à Riomaggiore. Cultivée depuis des siècles sur les terrasses à étagement qui s'accrochent à la colline, les vignobles des Terre dévalent doucement du haut des collines vers la mer. À cause de la conformation particulière du territoire, autrefois les vendanges se faisaient... en bateau ! Rassurez-vous, aujourd'hui la méthode est devenue plus pratique, mais non moins originale ! Des crémaillères monorail munies d'un petit moteur, d'un siège et de paniers traversent du haut en bas toutes les collines des Cinque Terre. Un système installé après-guerre pour faciliter le travail des agriculteurs.
Bosco, albarola, vermentino, sont les cépages avec lesquels on produit un petit blanc frais qui se marie bien avec les spécialités culinaires locales.

Riomaggiore.

© AMYJOSMILE – ISTOCKPHOTO

SURVOL DES CINQUE TERRE

Géographie

Ligurie. La Ligurie est l'une des vingt et une régions d'Italie. Située au nord-ouest de la péninsule italienne, elle est bordée au sud par la Mer Ligure. Limitrophe du Piémont et de la Toscane, elle l'est également de la France à l'ouest. Caractérisée par un territoire essentiellement montagneux, ses collines descendent de façon abrupte jusqu'au rivage, laissant souvent très peu d'espace aux plages.
Au centre de la région, Gênes (595 000 ha), la capitale régionale, est aussi la ville la plus importante de Ligurie. Le long de la côte à l'est de Gênes, dénommée *Riviera di Levante*, se trouvent les Cinque Terre. La ville principale du Levant est La Spezia (92 000 ha), chef-lieu de la province homonyme.

Cinque Terre. Des côtes rocheuses entrecoupées par de nombreuses baies et criques, bordées de rochers et parfois par de véritables falaises, caractérisent le paysage des Cinque Terre, ce bref trait de côte entre Levanto et Portovenere. Plus à l'est, le golfe des Poètes, entre Portovenere et Lerici, est le plus vaste golfe de la région.
Dans l'arrière-pays les des collines montent doucement, recouvertes de maquis méditerranéen ; arrachées à la nature, des terrasses étagées recouvrent leurs pentes, fruit du travail incessant de l'homme depuis des générations pour y cultiver le vignoble et l'olivier.

Corniglia.

Climat

Le climat des Cinque Terre est relativement tempéré. Les températures des Cinque Terre restent douces pendant toute l'année ; l'été il fait quasiment toujours beau temps, avec parfois quelques pics de canicule humide. Cependant, il est facile de se rafraîchir en bord de mer. Entre septembre et octobre, des vents très forts soufflant du sud-ouest forment de grosses vagues parfois impressionnantes.
Au mois de mai et en automne, averses et orages tombent désormais toujours plus fréquemment (avec parfois des effets néfastes sur le territoire). En hiver, bien que lors des journées ensoleillées l'on profite de températures plutôt élevées par rapport à la moyenne (7° minimum, 17° maximum), un vent froid peut souffler, violent et insidieux. Rares mais possibles, quelques chutes de neige peuvent recouvrir les cinq villages, donnant à l'ensemble un aspect féérique.

Environnement

Situées le long d'une fine langue de terre qui court entre ciel et mer, les Cinque Terre et le Golfe des Poètes se vantent de posséder un environnement naturel unique, d'autant plus remarquable qu'il a survécu durant des siècles au délicat équilibre entre nature sauvage et activité humaine. Le charme de cet étroit trait de côte est le fruit d'un travail assidu, solitaire et physiquement éprouvant, de générations de paysans qui avec ténacité et habilité ont su modeler une terre tout aussi difficile, âpre et aride qu'elle est envoûtante. À la sueur de leur front ils on su créer des kilomètres de murets de pierre sèche, jamais plus hauts que deux mètres, en réalisant un nombre incroyable de terrassements cultivables (*cian* en dialecte local) ; un système ingénieux qui a requis et qui demande toujours, un travail continu d'entretien et de réparation. Les mêmes personnages ont su construire des abris pour les outils et pour les animaux, dans des points stratégiques, de manière à ne pas soustraire des terrains fertiles à l'agriculture. Un travail qui dans son ensemble, à donner vie à un paysage unique au monde.
De part ces caractéristiques, l'ensemble du territoire des cinq bourgs a été classé au Patrimoine Mondial de l'Humanité par l'UNESCO en 1997, suivi en 1999 par la création d'un parc national et d'une Aire Marine protégée, voués à la sauvegarde et à la promotion d'une terre si précieuse mais si fragile. Le respect de l'environnement est une priorité aux Cinque Terre, la circulation y est quasiment interdite et la quasi-totalité des établissements du parc respecte une charte environnementale très précise. En ce qui concerne la qualité de l'eau de mer, deux bateaux écologiques dépolluants de l'Aire Marine protégée, effectuent régulièrement un service de nettoyage des eaux et mesurent la pollution marine de la côte.

Faune et Flore

Faune. Côté faune, parmi les mammifères vous pourrez croiser avec un peu de chance lors de vos randonnées des belettes, des blaireaux, des renards et des sangliers ; ces derniers trop nombreux, provoquent la colère des agriculteurs en piétinant les cultures. En été, des lézards de toute sorte se chauffent au soleil sur les rochers, tandis que de nombreux oiseaux comme le faucon pèlerin, les immanquables

Parc National des Cinque Terre et Aire Marine Protégée

Fondé en 1999, le parc national des Cinque Terre est l'organisme clé qui a permis le progressif retour à la vie de ces terres et surtout leur promotion à l'international. A travers une importante œuvre de requalification du territoire, l'objectif du parc, reconnu patrimoine de l'humanité par l'UNESCO en 1997, est celui de promouvoir et de sauvegarder le paysage, la culture et les traditions locales. Les fonds marins de la région constituent également un patrimoine environnemental d'exception protégé par le statut de « réserve marine ». Très profonds, ils sont considéres parmi les plus riches en faune marine de toute la Ligurie (www.parconazionale5terre.it).

mouettes et le grand corbeau planent entre terre et mer. Sous l'eau vivent des homards, des coraux gorgones, des murènes, des sars et des rascasses.

Flore. Dans les Cinque Terre poussent des espèces botaniques assez rares, protégées et préservées grâce au Parc National. Au printemps, de grands buissons jaunâtres colorent la côte, il s'agit de spécimens d'euphorbe arborescente, une espèce caractérisée par des petites inflorescences jaunes printanières. En été cette plante perd se feuilles et semble morte, en réalité il s'agit d'une astuce naturelle pour survivre à la chaleur.

Sur les rochers à flanc de collines poussent buissons et arbustes typiques du maquis méditerranéen, tels que le genêt, le myrte et l'herbe cristalline aux petites fleurs colorées.

Des herbes comme le thym, le romarin et la lavande embaument l'air en été, tout en côtoyant le long des terrasses à étagement cultivées, la vigne et l'olivier. En revanche, l'agave, le figuier de Barbarie et le fenouil de mer dominent les bords de mer. Des bosquets de pins maritimes, de châtaigniers, de chênes verts et de chênes–lièges sont plantés sur les hauteurs, derrière les villages ; des bois qui constituaient autrefois une ressource importante pour la population locale.

Les eaux protégées de la Réserve Marine permettent à une flore sous-marine abondante de pousser, on retrouvera surtout des posidonies et des cymodocées.

Corniglia.

HISTOIRE

Dans l'Antiquité, le Levant ligure faisait géographiquement partie de la Lunigiane, une aire géographique étendue entre les actuelles Toscane et Ligurie, habitée par les Ligures Apuans. La région du Golfe de La Spezia, atteint sa prospérité grâce à sa proximité avec l'un des principaux axes de communication du monde romain, la V*ia Aurelia* (la voie Aurélienne), reliant Rome à la Gaule. En revanche, l'isolement géographique des actuelles Cinque Terre et le manque de voies d'accès appropriées, laissa ce trait de côte sauvage et inhabité jusqu'au Moyen Age. Seules quelques sources historiques témoignent du commerce de vin local, déjà très apprécié à l'époque.

La première mention écrite de civilisation concernant les Cinque Terre remonte à 1056. C'est à ce moment là que les populations vivant dans l'arrière-pays, le Val di Vara, descendirent vers la côte, à la recherche de terres cultivables et d'une mer poissonneuse.

Du IXe siècle au XVIIIe siècle, toute la côte ligure fut le théâtre d'incursions et de pillages incessants de la part des pirates sarrasins d'abord, et des corsaires barbaresques ensuite. De cette époque datent les nombreuses tours de guet et fortifications dont l'on aperçoit encore les vestiges aujourd'hui le long de la côte.

Au XIIe siècle la République de Gênes étendit sont influence sur toute la partie orientale de la région. La Spezia devint alors une place forte d'importance stratégique cruciale dans les luttes opposant les deux Républiques maritimes de Gênes et de Pise.

Dés la première moitié du XIVe siècle les villages des Cinque Terre connurent une longue période de prospérité. C'est l'époque à laquelle les églises se parent de marbres colorés, l'époque à laquelle l'on rédige les premiers statuts qui règlent les rapports avec les administrations et les populations voisines ; une réglementation commerciale est également adoptée. Les premiers recensements de population sont effectués (on compte alors par foyer), ainsi que les principales activités commerciales. Au-delà du vin, c'est la production d'huile qui augmente, aussi bien pour cuisiner que pour conserver le poisson ; l'on exporte des agrumes, surtout des citrons, et l'on élève le ver à soie. Autre ressource, les bois dans l'arrière-pays de Monterosso et de Vernazza, duquel on tire aussi bien des poteaux pour les vignobles que du bois pour la construction d'édifices, et aussi des châtaignes à usage alimentaire.
Pourtant au XVe siècle, les pirates turcs infestent les mers ligures. Pour se défendre, la construction de fortifications et de remparts devient nécessaire. De cette époque datent les bastions et les tours de guet équipées d'artillerie et élevées dans le but défensif. La population locale était appelée à contribuer à l'effort collectif avec d'importantes sommes d'argent.Mais à partir du XVIe siècle, une forte crise économique

envahit toute la Ligurie et se répercute également dans les Cinque Terre ; on abandonne l'élevage de vers à soie et la demande de vins des Cinque Terre chute considérablement ; on observe également la baisse de la production de farine de châtaigne, à cause du déboisement excessif.
À tout ceci s'ajoutent les difficultés d'approvisionnement de blé et d'autres céréales plus chers, s'ensuit donc l'inévitable déclin des Cinque Terre. Il faudra attendre 1860 pour que la situation économique s'améliore.

Entre le XVIIIe et le XIXe siècle La Spezia vécut un développement économique et urbain considérable avec la construction de son arsenal militaire et le réaménagement de plusieurs de ses quartiers. Devenu une étape incontournable du Grand Tour, son golfe inspira de grands poètes et écrivains étrangers, comme les anglais Byron et Shelley.

En revanche, les Cinque Terre, plongées dans une extrême pauvreté, ne commenceront à se relever de leur déclin qu'en 1860 avec l'annexion de la Ligurie au Royaume d'Italie (la région avait déjà rejoint le Royaume de Sardaigne en 1814). En 1874, l'achèvement de la ligne de chemin de fer entre Gênes et La Spezia permit enfin aux cinq bourgs de mettre fin à leur isolement séculaire.

L'essor de cette langue de terre mythique allait alors commencer, avec un afflux toujours plus important de visiteurs, charmés par le côté pittoresque de ses bourgs et par la beauté naturelle de ses paysages. Une réputation consacrée par le classement des cinq villages, ensemble avec Portovenere et les îles de Palmaria, Tino et Tinetto, au patrimoine mondial de l'humanité par l'UNESCO en 1997. La création du Parc National des Cinque Terre en 1999 garantit la préservation de ce territoire à l'équilibre si fragile.

25 octobre 2011 : l'enfer de boue

Le 25 octobre 2011 des pluies torrentielles tombent sur la région de la La Spezia et des Cinque Terre en causant le débordement de plusieurs torrents. Les eaux envahissent bourgs et villages, de véritables fleuves de boue dévalent le long des rues et des *caruggi* de Vernazza et de Monterosso, provoquant la mort de plusieurs personnes. Les petits ports et les places sont dévastés sous la fureur des flots. Les rez-de-chaussée et les caves des boutiques et des habitations sont inondés et complètement détruits.
C'est grâce à l'aide de milliers de volontaires du monde entier que les Cinque Terre ont pu renaître. Appelés « les anges de la boue », ces bénévoles pourvus de pelles et de bottes ont libéré en quelques mois les bourgs durement blessés. La majorité des établissements et des infrastructures touristiques ont rouvert depuis, mais le réseau de sentiers a beaucoup souffert de la catastrophe et à ce jour il n'a pas encore été entièrement remis en état.

L'ITALIE EN QUELQUES DATES

X^{e}-IXe siècle av. J.-C. > Les premiers Italiques (ou Italiotes) s'installent sur le Palatin et le Celio, collines de la future Rome.

800 av. J.-C. > Débuts de la civilisation étrusque en Toscane.

665 av. J.-C. > Destruction par les Romains de Alba la Longue, la ville rivale de Rome.

IVe-IIe siècles av. J.-C. > Conquête romaine de la péninsule.

285-286 > Dioclétien partage l'Empire romain en deux (Orient et Occident), et instaure la tétrarchie.

476 > Odoacre renverse l'empereur romain d'Occident à Rome.

568 > Début du royaume des Lombards (*Longobardi*) en Italie du Nord.

643 > Proclamation de l'Edit de Rothari ; Pavie devient la capitale du royaume des Lombards.

778 > Charlemagne, roi des Francs, s'empare de l'Italie.

1380 > La République maritime de Gênes est battue par celle de Venise.

1450 > Les Sforza s'emparent du duché de Milan.

1494 > Charles VIII, roi de France, se lance à la conquête du royaume de Naples ; début des guerres d'Italie.

1559 > Traité du Cateau-Cambrésis, la France (Henri II) renonce à l'Italie. Début de la domination espagnole en Italie du Nord.

1630 > L'une des plus violentes épidemies de peste frappe le nord de la péninsule.

1713 > Par le Traité d'Utrecht, l'Italie du Nord devient autrichienne.

1796-1797 > Campagne d'Italie, menée par le jeune Napoléon Bonaparte.

1809 > Napoléon Ier annexe les Etats pontificaux ; Rome est la seconde capitale de l'Empire napoléonien.

1814 > Chute de l'Empire napoléonien. Retour des Autrichiens en Italie du Nord,

Vue aérienne de Vernazza.

à l'exception du Piémont et de la Ligurie, sous la maison de Savoie. Eveil d'une conscience nationale chez les Italiens.

- **1848 >** Révoltes dans toute la péninsule. Charles-Albert de Savoie déclare la guerre à l'Autriche.
- **1849 >** Garibaldi et Mazzini proclament la république à Rome. 23 mars : défaite de Charles-Albert.
- **1859 >** Victoire de Solferino. L'armée franco-piémontaise de Napoléon III et de Victor-Emmanuel II repousse les Autrichiens.
- **1861 >** Proclamation du royaume d'Italie : Victor-Emmanuel II de Savoie devient roi d'Italie.
- **1915 >** L'Italie entre en guerre dans le camp des Alliés.
- **1919 >** Le Traité de Versailles donne Trieste, le Trentin, le Haut-Adige et une partie de l'Istrie à l'Italie.
- **1924-1945 >** Régime fasciste de Mussolini. Il sera exécuté le 28 avril près du lac de Côme.
- **1946 (2 juin) >** Par référendum, les Italiens choisissent la république.
- **1978 >** Enlèvement et assassinat d'Aldo Moro par les Brigades rouges.
- **1980 >** Attentat à la gare de Bologne (*Strage di Bologna*), qui fait plus de 85 morts. Chute du gouvernement de Francesco Cossiga.
- **1986 >** Création de la Ligue du Nord par Umberto Bossi.
- **1987 >** Retour de la démocratie chrétienne au pouvoir.
- **1994 >** Première élection de Silvio Berlusconi.
- **1996 (21 avril) >** Elections législatives auxquelles ne participent pas moins de 130 partis politiques. Romano Prodi devient Premier ministre (coalition du centre–gauche).
- **1997 >** Chute du gouvernement Prodi.
- **2001 (13 mai) >** Deuxième élection de Silvio Berlusconi.
- **8 février 2002 >** Annulation du Salon de l'auto de Turin qui annonce la crise de l'industrie automobile italienne.
- **Mars 2003 >** La famille royale Savoia a la permission de rentrer en Italie après une soixantaine d'années d'exil dans la principauté de Monaco.
- **2005 (3 et 4 avril) >** Elections régionales partielles et locales dans 13 des 20 régions que compte l'Italie. Silvio Berlusconi essuie une cuisante défaite. L'opposition remporte 11 des 13 régions.
- **2006 >** Elections très serrées entre Silvio Berlusconi et Romano Prodi. C'est finalement Prodi qui l'emporte avec la coalition de centre–gauche et qui devient président du Conseil italien.
- **2007 >** Le gouvernement de Romano Prodi connaît plusieurs crises successives car la coalition de forces éloignées les unes des autres affaiblit le gouvernement. Silvio Berlusconi multiplie les attaques contre le gouvernement Prodi.
- **Octobre 2007 >** Fondation du nouveau Parti démocrate, fusion de divers partis de gauche et du centre. Le 28 octobre 2007, Walter Veltroni est officiellement élu Premier secrétaire du Parti démocrate lors de la fondation constituante à Milan.

Novembre 2007 > Silvio Berlusconi lance un nouveau parti : le Popolo della Libertà (PDL). Il espère ainsi demeurer le seul *leader* de la droite en vue d'éventuelles élections anticipées.

24 janvier 2008 > Après le départ de l'UDEUR (parti catholique) de la coalition de centre–gauche, le Sénat italien refuse sa confiance à Romano Prodi. Ce dernier présente sa démission au président après 20 mois comme Premier ministre.

14 avril 2008 > Silvio Berlusconi et la coalition de centre-droit le Peuple de la liberté (PDL) remportent les élections législatives anticipées face au démocrate Walter Veltroni.

27 mars 2009 > Lors de la date anniversaire de la première victoire de Berlusconi en 1994 s'ouvre le congrès qui établit la création officielle du Popolo della Libertà.

© BORUT TRDINA – ISTOCKPHOTO

Levanto.

14 décembre 2010 > La motion de censure contre Silvio Berlusconi impulsée par Gianfranco Fini, démissionnaire du Peuple de la Liberté et fondateur de Futur et Liberté, est rejetée par le parlement.

17 mai 2011 > La ville de Milan, fief historique de Silvio Berlusconi, et Naples, passent à gauche lors des municipales.

Février-mars 2013 > Le pape Benoît XVI renonce à ses fonctions, après 8 ans de pontificat. Election du nouveau pape, l'argentin Francesco Bergoglio.

De 2011 à 2014 > En deux ans et demi, l'Italie connaît trois gouvernements différents. Les conséquences graves de la crise économique sur les finances du pays obligent le président de la République, Giorgio Napolitano, à nommer un gouvernement « de techniciens ». Guidé par Mario Monti, il restera au pouvoir un an et cinq mois. Enrico Letta, secrétaire général du Partito Democratico (PD), sort vainqueur des élections de février 2013 après plus d'un mois de vide politique. Il démissionne le 14 février 2014 après un vote de défiance de la direction du PD, orchestré par le nouveau président du parti de gauche, Matteo Renzi. Ce dernier devient lui-même officiellement chef du nouveau gouvernement le 22 février 2014.

2015 > Le chômage en Italie atteint le niveau record de 13,7 %. Renzi annonce un important plan de relance. Mesure phare de son gouvernement, le *Jobs Act* assouplit considérablement la législation dans le domaine des emplois.

POPULATION

Démographie

L'exode démographique dans les Cinque Terre au long des trente dernières années, a fait malheureusement des cinq bourgs, des localités presque entièrement peuplées par une population du troisième âge qui ne dépasse pas les 5 000 habitants en hiver. Les jeunes qui décident de se consacrer au travail de la terre ou à la pêche sont aujourd'hui fort peu nombreux, préférant s'expatrier vers les grandes villes comme La Spezia, Gênes, Pise ou encore Milan. Changement radical à la belle saison, entre mai et octobre, quand la population des Cinque Terre double voir triple en nombre. Toute la vie, habituellement paisible, se met alors à l'heure de vacanciers.

Langues

La langue italienne est la preuve incontestable du métissage constant auquel le peuple italien a été exposé pendant des siècles. Ainsi, *ragazzo* et *magazzino* sont des mots d'origine arabe (les Arabes furent longtemps présents dans le sud du pays), tandis que *albergo*, *banca*, *guardia* ou *sapone* sont d'origine germanique.
Les différents dialectes régionaux restent très vivaces en Italie, faute d'une unité nationale tardive (deuxième moitié du XIXe siècle) qui favorisa le maintien des cadences prononcées et des tournures de phrase régionales dans presque toutes les régions. Le dialecte ligure n'est des moindres en la matière ; vous percevrez peut-être les nuances d'intonation qui se fait ici plus lente et plus profonde que l'italien classique, ainsi que quelques paroles originales comme *rumenta* (déchets) ou *bélin !* L'équivalent de notre « bon sang ! ».

Mode de vie

En Italie. Bien que les sondages montrent que la famille reste au centre des préoccupations des Italiens, celle-ci a tendance, comme dans le reste de l'Europe, à perdre de son influence. Longtemps fondement même de la société italienne, l'officialisation du divorce d'abord et la légalisation de la pilule et de l'avortement dans les années 1970, ont petit à petit introduit une vision moins conservatrice du noyau familial. Le rôle de la femme a beaucoup changé aussi. Cela fait bien longtemps qu'elle n'est plus enfermée dans le rôle réducteur de *la mamma*. Ce qui n'empêche pas que vous serez souvent amusés de constater que beaucoup de jeunes italiens cultivent une véritable vénération pour leur mère !

Dans les Cinque Terre. Les habitants des Cinque Terre mènent une vie tranquille en contact avec la nature. Pourtant, leur quotidien n'est pas dénué de contraintes.
D'une part l'industrie du bâtiment est sévèrement réglementée par des lois très strictes visant à préserver le territoire. Les cages d'escaliers infiniment longues, pour accéder aux étages des maisons (surtout pas d'ascenseur !) qui caractérisent les bourgs, sont raides et étroites, et les appartements sont en général composés de petites pièces.

Il s'agit de bâtiments anciens insérés dans un environnement devenu patrimoine mondial de l'humanité. Par conséquent leurs prix de vente sont souvent prohibitifs.
C'est également la raison pour laquelle on ne trouve pas de grands hôtels ou de *resorts*, bien qu'il en existe une demande potentielle. Monterosso est le seul des cinq villages dont la conformation du territoire permet de construire des édifices ressemblant davantage à ceux de nos villes modernes.
D'autre part, les habitants sont obligés de se déplacer chaque jour en train ou en voiture pour se rendre dans les écoles ou bien sur leur lieu de travail. Seuls Riomaggiore et Monterosso possèdent

Pêche et agriculture, les deux « mamelles » des Cinque Terre

Agriculture. Les évidentes aspérités du territoire et le peu de terres à cultiver, soustraites à la montagne avec beaucoup d'efforts et avec un dur labeur pendant des siècles voués à repousser continuellement l'emprise du maquis méditerranéen sur les cultures, n'on pas consenti une exploitation agricole à grande échelle. Oliviers, vignobles et citronniers se révélèrent être les seules cultures rentables sur le long terme. Alors que la production viticole est toujours importante, oliviers et agrumes, jadis importante source de subsistance, ne sont plus aujourd'hui que des cultures d'appoint vouées à la consommation locale. En vous promenant à travers les bourgs et sur les sentiers, vous apercevrez souvent dans les jardins des maisons des oliviers et de beaux citronniers aux branches chargées de fruits.

Pêche. Dès le Moyen Age jusqu'à il y a quelques décennies, la pêche représentait une importante ressource dans l'économie des Cinque Terre. Plusieurs pêcheurs possédaient en effet de nombreuses barques et employaient de nombreux marins.
Les archives de Monterosso, où la tradition de pêche est ici plus forte qu'ailleurs, relèvent de la pratique de la madrague des thons et de l'espadon depuis le XVIe siècle.
L'un des systèmes les plus anciens et les plus utiles pour conserver le poisson était la salaison : sardines et anchois péchés selon la pêche traditionnelle à la *lampara*, étaient déposés dans des tonneaux en bois remplis de sel.
Aujourd'hui les pêcheurs professionnels ont quasiment disparu, mais les anchois de Monterosso sont toujours un produit d'excellence apprécié dans le monde entier. Encore de nos jours, les anchois sont pêchés avec le moyen traditionnel de la *lampara*, lanternes lumineuses placées en mer pour attirer les poissons.

des écoles primaires ; pour les études supérieures, les jeunes sont obligés de rejoindre Levanto ou La Spezia. En revanche, vous trouverez des pharmacies dans chaque bourg. L'hôpital le plus proche reste celui de La Spezia.
Les rues impraticables contraignent les livreurs à transporter les marchandises par voie maritime ou ferroviaire. Ne vous étonnez donc pas de voir les barques « garées » au pied des immeubles dans la rue centrale, tout comme on aurait pu le faire avec une voiture.
Quant aux hameaux épars dans les collines, il y en a encore qui ne sont joignables qu'à pied !

Religion

Les habitants des Cinque Terre, comme ceux du reste de la Ligurie, ont toujours entretenu une relation étroite avec l'Église catholique, comme le prouvent les nombreux sanctuaires (chaque bourg possède le sien !), étapes de pèlerinages, et la large participation aux nombreuses manifestations religieuses.
La dévotion est toujours très présente ; les églises regorgent d'*ex voto*, d'aujourd'hui et d'autrefois, souvent offerts pour la protection d'un marin en mer. Lors de la Semaine Sainte et jusqu'au jour de Pâques, les processions religieuses se succèdent. Chacun des bourgs possède son saint patron, qu'il n'omet jamais de fêter le jour venu par une célébration religieuse et une kermesse populaire. A Noël, les crèches semblent envahir les ruelles des villages, tant la population aime à les montrer sur un rebord de fenêtre, dans un ancien abreuvoir ou même sur le seuil de la maison. La plus célèbre reste la crèche lumineuse de Manarola dont les personnages recouvrent presque toute la colline ; son inauguration chaque 8 décembre est saluée par de grandes festivités.

Eglise San Pietro à Portovenere.

ARTS ET CULTURE

Les expressions artistiques dans le Golfe des Poètes et aux Cinque Terre sont étroitement liées aux évènements historiques vécus par la région à travers les siècles. L'activité artistique s'est ici essentiellement manifestée dans la construction d'édifices religieux et plus généralement dans l'architecture des habitations et des fortifications.

Architecture

Antiquité. Les vestiges de la Villa de Varignano (Ier siècle av. J.-C.), témoignent de la présence romaine dans la région. Retrouvé à quelques km de Portovenere, l'édifice s'élevait probablement sur une riche exploitation agricole. Il disposait également d'une petite darse privée sur la mer, ce qui en faisait l'exemple de la parfaite villa romaine à la fois champêtre et maritime. Des fragments de mosaïque sont encore visible sur le sol.

Moyen Age. Après la chute de l'empire romain, la christianisation amène son « blanc manteau d'églises » aussi en Ligurie. Dans l'arrière-pays de La Spezia la colonisation monastique s'exprime par la construction d'une pléthore de couvents et d'oratoires. Il en reste encore plusieurs vestiges, souvent englobés dans des édifices religieux successifs. Parmi eux les cinq sanctuaires dont chaque bourg des Cinque Terre dispose sur ses hauteurs. De style gothique, ces sanctuaires s'élèvent pourtant sur des fondations romanes qui remontent aux alentours de l'an Mille. Les vestiges d'un ensemble monastique subsistent également sur l'île Palmaria, sur celle de Tino et dans les environs de Portovenere.

Le style gothique ligure. Au cours du XIIIe siècle, la consolidation de l'autorité politique de la République de Gênes qui entraîne une relative stabilité politique et économique, déclenche la construction de nombreux édifices publics d'une certaine importance dans toute la région. Vers la Riviera du Levant le style ligure s'affirme ; il se caractérise en particulier par les traditionnelles bandes bicolores qui décorent les façades des églises à l'horizontale en marbre noir et blanc, ou en ardoise et pierre serpentine verte. Autre caractéristique du gothique ligure, la rosace, généralement positionnée au-dessus du portail d'entrée. Certaines d'entre elles, de très belle facture, sont particulièrement ouvragées, comme par exemple celles des églises paroissiales de Corniglia et de Manarola. La finesse de leur réalisation a souvent conduit les experts à les attribuer aux artistes Matteo et Pietro da Campiglio, sculpteurs très actifs sur le territoire ligure au XIVe siècle. Quant à l'intérieur des édifices religieux, il est souvent le résultat de remaniements successifs d'époque baroque et du XVIIIe siècle.

Les bourgs des Cinque Terre. L'architecture très typée des bourgs des Cinque Terre mérite une mention spéciale. Aujourd'hui les charmantes maisonnettes présentent

Vernazza.

toutes de belles façades aux tons pastel ; un ajout qui ne daterait que du XIXe siècle, dit-on, pour que les marins et les pêcheurs puissent reconnaître leur maison depuis le large. Dans le passé, au même titre que les tours de guet et que les remparts qui protégeaient les habitats, l'architecture des habitations civiles était conçue dans un but défensif contre les possibles invasions pirates. Les maisons tours (*case torri*) s'accrochaient aux éperons rocheux, s'élevaient davantage à la verticale qu'à l'horizontale. Elles disposaient d'une double entrée, l'une côté mer, l'autre côté bourg pour s'échapper plus facilement en cas d'attaque. Vous pourrez encore en apercevoir la structure en regardant certaines maisons du centre de Vernazza ou de Riomaggiore.
Aujourd'hui, à la suite des inondations catastrophiques de l'automne 2011, le célèbre architecte anglais Richard Rogers s'est proposé (gratuitement) de redessiner le plan de réaménagement de la marina de Vernazza, complètement dévastée par la boue. À ce jour les travaux de réaménagement ne sont pas encore terminés.

Artisanat

▶ **Céramique**. Les habitants des Cinque Terre, tout comme leurs voisins des autres localités ligures, sont d'habiles producteurs de céramiques. Vous rencontrerez quelques boutiques spécialisées à Monterosso et Riomaggiore, dont la production de qualité ne pourra vous déplaire. Vaisselle et objets de décoration sont autant de jolies pièces à ramener dans ses valises.

Cinéma

Étrange, la beauté du paysage des Cinque Terre n'a pas impressionné les metteurs en scène au point d'en faire un scénario de film. Seule exception, en 2013 les criques bleues des Cinque Terre se sont transformées en décor cinématographique pour certaines scènes du film de Martin Scorsese, *Le Loup de Wall Street*.

Littérature

La mer et la beauté du paysage ont toujours été sources d'inspiration pour les poètes et les écrivains. Dés le XIVe siècle on retrouve en effet les Cinque Terre citées par de grands poètes.

- **Pétrarque** (1304-1374) qui vit Monterosso de la mer, charmé par ses vignobles, définit les vins du pays comme « une délice de Bacchus ».
- **Bocaccio** (1313-1375) dans le *Décaméron* fait boire à l'abbé de Cluny un grand verre de Vernaccia de Corniglia.
- **En 1822 San Terenzo,** hameau à l'ouest de Lerici, accueillit les poètes anglais Percy Bysshe Shelley (1792-1822) et son épouse Mary (1797-1851), séduits par la beauté sauvage de la mer et de la côté. Ici d'ailleurs, Shelley trouva l'inspiration pour de nombreuses poésies, et Mary commença à rédiger son roman *Frankestein*. C'est pendant la traversée de retour de Levanto, que Shelley trouva la mort, noyé lors du naufrage de sa goélette. Son ami, le poète Lord Byron (1788-1824) était quant à lui un assidu pensionnaire de Portovenere.
- **Eugenio Montale** (1896-1981). Les Cinque Terre comptent parmi leurs personnalités illustres un Prix Nobel de littérature, le poète Eugenio Montale. En vacances dans sa villa de Monterosso, le poète décrit à travers ses recueils de poésie, en particulier dans *Ossi di seppia* (1925), une vision âpre et désolée de la Ligurie, où règne le rappel hypnotique et tristement solitaire de la mer à l'horizon.
- **Mario Soldati** (1906-1999). Piémontais d'origine mais amoureux de la Riviera du Levant ligure, ce grand écrivain et réalisateur italien tombe complètement amoureux de Tellaro à l'est de Lerici, qu'il décrit comme « un *nirvana* entre mer et ciel, entre le rochers et la montagne verte ». L'auteur de *L'épouse américaine* (1977) se retire ici les dernières années de sa vie.

Peinture et arts graphiques

Avant le XVIIIe siècle, les témoignages de peinture dans les Cinque Terre se limitent à la décoration des édifices religieux. Dans les oratoires et dans les églises de Portovenere et des Cinque Terre, on peut

Curieux jumeaux !

Etonnés d'apercevoir autant de touristes chinois aux Cinque Terre ? Il y a bien une raison. Depuis 2006, les cinque terres sont jumelées avec la Grande Muraille de Chine ! En effet, si l'on alignait l'ensemble de tous les murets en pierre sèche qui soutiennent les terrasses cultivées sur les collines des cinq bourgs, la longueur totale serait de 6 729 km, comparable à celle de la Grande Muraille qui atteint les 7 000 km. Aussi curieux que cela puisse paraître, le jumelage n'est donc pas sans raison. Le rapprochement entre ces deux réalités inscrites au patrimoine mondial de l'humanité, prévoit un échange culturel et touristique fondé sur la défense de l'environnement et sur l'échange réciproque.

admirer de belles fresques du XIVe et du XVe siècle à sujet religieux. On retrouve également de splendides crucifix en bois peint, comme par exemple celui de Vernazza conservé dans l'église paroissiale Santa Margherita d'Antioca, daté du XVIIe siècle et attribué à Anton Maria Maragliano (1664-1739).

Bien plus tard, le paysage des Cinque Terre a été représenté par de nombreux peintres. Le plus célèbre reste Telemaco Signorini (1835-1901), du mouvement des Macchiaioli, les pointillistes italiens. C'est à Riomaggiore que Signorini trouva l'essentiel de son inspiration picturale vers 1860. Ses œuvres fournissent aujourd'hui un précieux témoignage sur les bourgs et sur leurs habitants.

De même le peintre allemand Hermann Max Pechestein vécut à Monterosso.

Sculpture

Le musée archéologique de Castel San Giorgio de La Spezia, conserve certains témoignages majeurs de sculpture dans la région. Retrouvées dans les vallées au nord de La Spezia, les statues menhir (*statue stele)* allant du IIIe millenaire av. J.-C. jusqu'au VIe siècle ap. J.-C., restent mystérieuses quant à leur usage et à leur emploi. Mégalithes anthropomorphes, sculptées en ronde-bosse et plantées à terre à la manière de menhirs, elles avaient probablement un sens religieux et représentaient des divinités.

Traditions

La production viticole et la gastronomie des Cinque Terre sont le plus puissant témoignage de la manière de vivre de la population locale à travers les siècles. Les deux constituent une expression concrète de la culture régionale transmise à travers les siècles de génération en génération. La construction des murets en pierre sèche ainsi que le déroulement de processions très animées lors des festivités religieuses, rentrent également dans le bagage de traditions, que les générations actuelles tentent de perpétuer.

Architecture de Manarola.

FESTIVITÉS

Tout au long de l'année, La Spezia et les Cinque Terre perpétuent depuis des siècles la célébration d'un large éventail de manifestations et de fêtes, essentiellement religieuses. Hauts en couleur et le plus souvent chargés de spiritualité, ces évènements constituent un spectacle toujours envoûtant à regarder.

Mars

FOIRE DE SAINT JOSEPH

La Spezia

19 mars

La fête du saint patron de la ville : célébration religieuse et grande kermesse le long des quais du bord de mer.

SCIACCHETRAIL

De Monterosso à Manarola

www.sciacchetrail.com

Dernier week–end de mars.

Le marathon qui parcourt le réseau de sentiers des Cinque Terre, sur une distance de 47 km. Inscriptions libres.

Juin

FÊTE DES PEINTRES

Manarola

Chaque année une manifestation très vivante à laquelle participent différents artistes peintres, qui exposent leurs œuvres le long de la rue centrale du bourg.

FÊTE DES SAINTS PIERRE ET PAUL

Corniglia

29 juin

La fête des saints patrons de Corniglia. Après la cérémonie religieuse, sur le parvis de l'église, distribution des tranches d'un immense gâteau dit des *Fieschi* (en souvenir de la famille génoise fondatrice du bourg), à base de biscuits à la cuillère imbibés de liqueur.

FÊTE DU CORPUS DOMINI

Riomaggiore

13 juin

Procession religieuse à travers les ruelles du pays. Une messe est célébrée face au port (l'autel est aménagé sur un bateau !) à l'attention des pêcheurs et des marins.

SAINT JEAN BAPTISTE

Monterosso

22 juin

A l'occasion de la fête patronale, le soir, une procession religieuse descend jusqu'au bord de mer où des centaines de petites bougies illuminées sont lâchées au fil de l'onde.

Juillet

FESTIVAL AMFITEATROF

Levanto

www.festivalamfiteatrof.it

Juillet-août.

Retrouvez l'index général en fin de guide

Levanto.

Manarola.

Depuis 1992, un festival de musique classique de haut niveau, avec la participation de grands noms du panorama musical italien et étranger. Les concerts se tiennent dans le cadre évocateur de l'église Sant'Andrea et de la Villa Agnelli.

FÊTE DE SANTA MARGHERITA D'ANTIOCA

Vernazza

20 juillet

Procession traditionnelle en l'honneur du saint patron qui part de l'église dédiée à la sainte pour s'aventurer à travers les ruelles du bourg. Marché traditionnel et feu d'artifice.

Août

FÊTE DE LA SAINTE VIERGE BLANCHE

Portovenere

17 août

Tout Portovenere s'emplit de lumières de bougies allumées sur les rochers, le château, les églises et les édifices, pour un tableau nocturne du plus grand effet.

PALIO DEL GOLFO

La Spezia

1er dimanche d'août

Depuis 1925, une régate spectaculaire pendant laquelle les équipes des 13 bourgs donnant sur le golfe de La Spezia tentent de remporter la course.

SOFFITTA IN STRADA

Sarzana

Deux premières semaines du mois d'août.

Un rendez-vous à ne pas manquer si vous passez par Sarzana au mois d'août. Les rues du centre et la Forteresse Firmafede se transforment en une gigantesque foire d'antiquité-brocante (*soffitta in strada* signifie « grenier dans la rue »).

Septembre

FÊTE DE SAN VENERIO

La Spezia

13 septembre

Saint patron du golfe de La Spezia. Hermite courageux, qui aurait défié les eaux en tempête du golfe pour vaincre un dragon qui terrorisait la région.

Décembre

CRÈCHE LUMINEUSE

Manarola

8 décembre

Dés le 8 décembre, jour de l'Immaculée, jusqu'à début février, plus de 300 figurines lumineuses aux silhouettes des personnages de crèche s'illuminent chaque soir sur la colline de Manarola dés 17h30. Réalisée entièrement avec des matériaux recyclés, cette crèche lumineuse est unique en son genre. Le soir du 8 décembre, une procession aux flambeaux démarre de la place de l'église San Lorenzo, pour arriver jusqu'au sommet de la colline des Trois Croix où se trouve l'étable avec la Sainte Famille. Un grand feu d'artifice termine la soirée.

CRÈCHE SOUS-MARINE

Vernazza

Pendant la période de l'Avent, dans les eaux de la baie de Vernazza, une grotte sous-marine devient le cadre d'une étrange crèche lumineuse. La nuit de Noël, des plongeurs ramènent à la rive la statue du petit Jésus pour la bénédiction solennelle, suivie par une procession.

CUISINE LOCALE

La gastronomie de la Riviera du Levant relève à la fois des saveurs de la mer, et de celles de la terre.

La pêche, ressource économique de premier plan dans chacun des cinq bourgs, a influencé considérablement le contenu des casseroles dans l'alimentation des populations du bord de mer à travers les siècles. Quant aux plats de l'arrière-pays, ils en appellent au fruit du travail des paysans.

Dans les deux cas, aussi goûteux et appréciables soient les plats, il ne sont réalisés qu'à base d'ingrédients simples et constituent d'authentiques recettes paysannes.

Parmi les exemples les plus parlants, on citera le traditionnel cappon magro, une sorte d'aspic de poisson et de légumes aussi somptueux dans sa présentation que simple dans les ingrédients qui le composent, ou bien la mes-ciua, une soupe typique à base de pois chiches, de haricots, de fèves et de tout ce qui passe sous la main du chef. Et encore le tian (cocotte en dialecte ligure) à la façon de Vernazza, à base d'anchois, de pommes de terre et de tomates, les trois disposés en couches. Dans les boutiques alimentaires ou chez le boulanger vous pourrez aussi goûter aux tartes de riz et aux tartes de légumes (blettes ou épinards), sortes de quiches très goûteuses. Autres spécialités incontournables chez le boulanger, la focaccia, fierté de la Ligurie, une fougasse délicieusement huilée, et la farinata, une galette très grillée à base de pois chiches. Enfin des Cinque Terre à La Spezia, le poisson est savoureux quelle que soit la manière dont il est cuisiné, tout comme les coquillages (surtout les moules) et les crustacés. Les herbes aromatiques du maquis et l'huile d'olive extra vierge omniprésentes, relèvent délicieusement les saveurs de tous les plats.

Quant aux desserts, eux aussi se réclament de recettes paysannes. Typique de la région est le gâteau de riz préparé à l'occasion des fêtes ; il en existe aussi une version salée avec tomates, fromage et champignons. On trouvera également une version de la focaccia sucrée, préparée avec des fruits confits et aromatisée à la liqueur de sciacchetrà. Un autre grand classique ligure est la crostata, une tarte sablée à la confiture ; mention spéciale pour celles des Cinque Terre garnies avec de la confiture de citrons.

Produits et spécialités

Anchois. Ce qui était autrefois la pitance quotidienne des pêcheurs est devenu un produit très recherché chez les gourmets. La technique de salaison des anchois pour les conserver remonte au Moyen Age. Crus avec de la *focaccia*, ou cuisinés avec les pâtes, sur la pizza, en tian avec des pommes de terre, les anchois sont au menu de tous les repas ligures.

Pesto. Devenu presque l'aliment icône de la Ligurie, ce délice vert se compose de basilic, de pignons, de fromage pecorino, d'ail et d'huile d'olive. Dans les Cinque Terre, vous le trouverez en assaisonnement à la *pasta*, au *minestrone* ou juste étalé sur des tartines.

Pesto

Voici le secret de fabrication de « l'or vert » de la Ligurie.

Ingrédients. Un gros bouquet de basilic (environ 70 g), 40 g de parmesan, 10 g de fromage pecorino, 20 g de pignons, une gousse d'ail, une pincée de gros sel de mer, deux grandes cuillerées d'huile d'olive.

Préparation. Pour les puristes, le pesto ne se fait que dans un mortier en pierre, mais si vous n'en disposez pas, un mixeur fera très bien l'affaire. Détacher les feuilles de basilic, les laver et les égoutter en faisant attention à ne pas les écraser. Piler l'ail et les pignons avant de les ajouter aux feuilles de basilic. Ajouter les fromages râpés et, toujours en mélangeant, verser l'huile d'olive. Si la sauce est trop dense, diluer avec un peu d'eau de cuisson des pâtes.

Cappon Magro

Succès ligure, ce plat traditionnel rassemble dans une même assiette la terre et la mer.

Ingrédients. 4 tranches de pain sec, 2 gousses d'ail, un demi–verre de vinaigre, 2 artichauts, 250 g de haricots verts, 3 pommes de terre, 1 betterave, 2 carottes, 1 cœur de céleri, un bar ou loup de mer, 1 homard, 12 gambas, 100 g de crevettes, 4 huîtres, 1 cuillerée de câpres, 1 boîte d'anchois à l'huile, 8 olives vertes, quatre champignons à l'huile, une botte de persil, 20 g de pignons, 2 jaunes d'œuf dur, la mie d'un petit pain trempée dans du vinaigre, 2 citrons. Quelques filets de thon séché et légumes à volonté.

Préparation. Frotter les tranches de pain avec de l'ail, les asperger d'huile et de vinaigre et les disposer dans le fond d'un saladier, en les recouvrant d'une sauce à base de filet de thon séché et d'anchois, de câpres, d'œufs durs et de persil. Continuer à étendre par couches les légumes mélangés et préalablement bouillis, en recouvrant chaque couche avec la sauce. Après avoir disposé plusieurs couches, déposer dessus le poisson et le homard bouillis préalablement. Garnir avec des crevettes, les champignons à l'huile, les œufs durs, les câpres et les olives. Tout autour, disposer les huîtres et carottes crues coupées en rondelles.

Pesto, l'or vert de la Ligurie.

Apéritivo.

Focaccia. Savoureuse et croquante, la *focaccia ligure* (fougasse) peut constituer un remplacement gourmand au pain. C'est une vraie réussite huilée et onctueuse, à déguster nature à tout moment de la journée ou lors des repas. Les Ligures la mangent même au petit déjeuner trempée dans le café au lait !

Huile d'olive extra vierge. Avec les vignobles, l'olivier partage le paysage des collines des Cinque Terre. De la première pression à froid des olives, on obtient l'huile extra vierge, un produit rigoureusement AOP (Appellation d'Origine Protégée). Son goût doux et piquant à la fois et son parfum fruité sont uniques au monde.

Citrons. Les citronniers se partagent les terrasses des Cinque Terre avec la vigne et l'olivier. Leur parfum est unique, d'une douceur difficilement comparable aux citrons ordinaires. Les recettes locales les mélangent volontiers aux recettes de gâteaux, mais aussi en tant que base pour liqueurs.

Boissons

Vins. Grâce à la douceur du climat et surtout à l'intense activité de l'homme, les Cinque Terre peuvent se vanter de posséder une production viticole de premier choix. Arraché aux rochers à pic sur la mer, le blanc frais et piquant produit par les vignobles de cette région se marie à merveille avec tous les plats traditionnels. Les collines de l'arrière-pays de La Spezia sont la patrie du vin *Colli di Luni*, un blanc sec produit jusqu'à la frontière avec la Toscane. Tandis que vers Levanto la production de blanc et de rouge s'équivaut ; parmi les AOC ont citera les cépages autochtones de Bosco, Albarola et Vermentino, à la base du petit blanc iconique, le *Bianco delle Cinque Terre.*

Liqueurs. Parmi les liqueurs, le *sciacchetrà*, à base de raisin fermenté pendant trois mois, est l'une des fiertés locales, un « miracle œnologique » que les vignerons des Cinque Terre sont fiers d'être les seuls à produire. Délicieusement sucré, ce digestif est à base de raisin des cépages qui poussent sur les terrasses à pic face à la mer, comme l'*albarola*, le *vermentino* et le *bosco*. Le raisin est ensuite vinifié après un vieillissement et un affinage adaptés. Autre production importante, le *limoncino*, un digestif au goût de citron, réalisé avec les agrumes du Parc.

Eau. L'eau du robinet est potable, pourtant on vous regardera bizarrement si vous commandez une carafe d'eau lors de vos repas. La coutume (ou peut-être le goût pour les bonnes choses) veut tout simplement que l'on ne boive que de l'eau minérale, à vous de préciser donc si vous la préférez *naturale* (plate) ou *frizzante* (pétillante).

***Il Caffè* :** un moment presque sacré de la fin de repas. On se demande parfois comment il se fait que dans le moindre boui-boui en Italie, le café soit supérieur à celui des meilleurs restaurants français. L'explication en est difficile : les origines ne sont pas meilleures puisqu'on sait chez nous, aussi bien que chez les Italiens, importer les meilleurs arabicas du monde. Les machines, certes d'origine italienne, sont les mêmes puisqu'elles équipent aussi les établissements français.

Il doit donc tout simplement s'agir de ce fameux savoir-faire, dans la préparation de la mouture, dans le soin de la fabrication et, surtout, dans le goût. Alors ne boudons pas notre plaisir en pariant à coup sûr : le café servi en Italie est huit fois sur dix parfait, deux fois moyen et jamais mauvais. Soit à peu près l'inverse de la France. Le café, c'est aussi une culture, parfaitement implantée de l'autre côté des Alpes. Dans les bars italiens, on trouve souvent, à côté des machines, d'étranges petits récipients, comme de minuscules pots de crème à couvercle : ils sont là pour emporter le café, pour qu'il ne se renverse pas et qu'il garde sa chaleur. Ce café serré est l'une des nombreuses et légitimes fiertés de l'Italie. Le café peut être consommé de différentes façons :

- **Espresso ou ristretto :** quelques centilitres très concentrés au fond d'une tasse ;
- **Macchiato :** « taché », c'est-à-dire noisette, servi avec une goutte de lait ;
- **Lungo :** légèrement allongé d'eau ;
- **Americano :** café noir long à l'américaine ;
- **Corretto :** « corrigé » à la *grappa* ;
- **Cappuccino :** le « petit capucin », du nom des moines à la capuche (*cappuccio*) marron. C'est un grand café recouvert de lait mousseux et saupoudré de cacao ;
- **Con panna :** recouvert de crème fouettée.

Habitudes alimentaires

- **Le petit déjeuner** (*prima colazione*). Dans les Cinque Terre, comme dans le reste de l'Italie, c'est le plus maigre des repas. Il consiste en un café ou un cappuccino au comptoir d'un bar, accompagné d'une brioche sucrée ou bien par des tranches de *focaccia*.

- **Le repas de midi** (*pranzo*). En période de vacances dans les Cinque Terre, ce repas se résume souvent à un *panino* bien farci ou à une tranche de *pizza* ou de *focaccia* croqués face à un paysage de carte postale le long d'un sentier de promenade ou sur la plage. En revanche pour ceux qui souhaiteraient un repas plus complet, chacun des cinq villages possède sa petite série de *trattorie* (brasseries). Souvent un *antipasto* de poisson pourra vous suffir en tant que déjeuner, vu l'abondance des portions, mais *minestrone* à la génoise (avec du *pesto*), pâtes, fritures et légumes farcis seront également à la carte.

- **L'*aperitivo*.** Un moment de la journée sacré pour tous les Italiens. Les comptoirs des bars et des cafés se couvrent de charcuterie, fromages, *focaccie*, pizzette, fritures, etc. Pour les petits budgets, c'est une bonne occasion pour dîner à petit prix, tellement certains buffets sont copieux.

- **Le dîner** (*cena*). Il s'agit du repas familial, où tous les membres de la famille se retrouvent. Bien que l'on ne serve plus qu'un plat unique, pâtes ou risotto, ou bien viande ou poisson avec un accompagnement, nombreuses sont encore les familles qui servent un repas complet à l'italienne. Plutôt copieux, il se compose d'un premier plat de pâtes, suivi par de la viande ou du poisson et éventuellement par un dessert.

Focaccia.

Vignes sur les hauteurs de Manarola.

LES CINQUE TERRE ET LE VIN : UNE HISTOIRE D'AMOUR

La renommée des vins des Cinque Terre remonte à l'Antiquité malgré les mille difficultés liées à sa production. De la *vernaccia*, au *rossese*, au *rinforzato* et *à la sciacchetrà* : différentes dénominations, différents cépages, des soins constants, des conditions météorologiques instables, mais toujours le souci inchangé d'obtenir des vins uniques en leur genre.

Grâce à une exposition particulièrement favorable et à l'excellente qualité des cépages cultivés, le vin de la région devient un produit de luxe très demandé aussi bien par les seigneurs locaux que par les puissantes familles génoises. De nombreux actes notariés parvenus jusqu'à nous, attestent la vente et le commerce de vin dés le XIIIe siècle.

Des siècles durant l'on pratique la viticulture « à terre » : on empêche les vignes de pousser trop haut, pour maintenir le raisin proche du sol afin de favoriser son mûrissement et pour le protéger des méfaits des vents. Les sarments de vigne sont greffés à de petits poteaux de bois, en veillant à ce que les grappes n'effleurent pas les mottes de terre. Changement de méthode au XIXe siècle. Avec l'introduction d'un nouveau cépage plus robuste, le *bosco*, le vignoble est soutenu par un châssis de poteaux de bois et de roseaux (remplacés plus tard par du fil du fer) à une distance qui ne dépasse pas les 50 cm du sol.

Entre 1920 et 1930, les vignobles autochtones de la région frappés durement par le phylloxera, font l'objet d'un grand travail de greffe avec une espèce plus résistante. Pourtant, malgré la qualité des soins apportés, dès l'après-guerre, l'ouverture des chantiers navals de l'Arsenal à La Spezia, la modernisation des modes de vie, et les coûts devenus excessifs de ce type de culture, incitent la jeunesse locale à déserter le travail agricole de ses ancêtres. L'inévitable baisse de la production viticole entraîne ainsi une progressive dégradation et fragilisation des terrains.

Depuis les années 1990, la prise de conscience de la perte irrévocable d'un patrimoine matériel et immatériel unique, a conduit les autorités à prendre de sérieuses mesures contre l'abandon de la culture de la vigne sur les terrasses des Cinque Terre. Aujourd'hui le parc national des Cinque Terre est fortement impliqué dans la relance du territoire, aussi bien par l'entretien des hectares cultivés que par une sensibilisation des jeunes générations au métier de viticulteur.

SPORTS ET LOISIRS

Randonnée

Avec un réseau de sentiers de plus de 100 km, aussi bien les marcheurs expérimentés que les promeneurs tranquilles trouveront de quoi se satisfaire. Tracés entre terre et mer, les parcours serpentent entre les vignobles et le maquis, en traversant d'anciens bourgs et en reliant entre eux des sanctuaires d'une grande beauté.

Le climat particulièrement clément permet de parcourir les sentiers tout au long de l'année.

Mais ce réseau de chemins très étendu ne se prête pas uniquement à la randonnée : *trail running*, *nordic walking* et descentes en VTT sont également à l'ordre du jour.

Sports nautiques

La Réserve Marine Protégée des Cinque Terre est un véritable paradis pour les amateurs de sports nautiques. Dès que l'été approche, la vaste plage de Monterosso (la seule sablonneuse) et les criques rocheuses des trois bourgs marins n'attendent que les nageurs pour une bonne baignade.

Vous trouverez facilement de quoi louer kayaks et canoës pour partir à la découverte de la côte.

Enfin les amateurs de plongée s'en donneront à cœur joie : la côte de la région étant protégée, la faune et la flore marine sont florissantes. Et sans bombonnes, vous pourrez vous amuser tout aussi bien avec un masque et un tuba.

Tellaro.

Sur la plage de Vernazza.

ENFANTS DU PAYS

Alexia

Alexia, de son vrai nom Alessia Aquilani, née en 1967 à La Spezia, est une chanteuse célèbre en Italie et à l'étranger dans les années 1990. Elle a été l'une des rares italiennes à écrire elle-même ses chansons en anglais. Son répertoire est constitué de musique *dance*, *soul*, *blues* et *rock*. Soutenue par sa famille, Alexia commence à chanter vers l'âge de 4 ans. Passionnée, elle se consacrera au chant, à la musique et à la danse. Rentrée à deux reprises dans un groupe, la chanteuse finira par se lancer en solo, ce qui lui vaudra son succès.

En 1993 le producteur Roberto Zanetti fait participer Alexia aux chansons du rappeur Ice MC, de ce duo naîtront des tubes connus dans le monde entier comme *Think About The Way*.

En 1995 elle entame une carrière en solo, avec son premier single *Me And You,* elle se place en tête des *charts* en Italie et en Espagne. Son deuxième single *Summer is Crazy* connaît le même succès.

La consécration arrive en 1997 avec le quatrième tube *Uh la la la* sorti en même temps que son premier album *Fan Club*. Son dernier single *Il mondo non accetta le parole* date de 2015.

Reine de la *dance* d'abord et chanteuse internationale *pop* et *soul* ensuite, Alexia est considérée comme une artiste éclectique capable de se renouveler sans cesse dans son style et dans sa sonorité.

Giancarlo Giannini

Giancarlo Giannini, né à La Spezia en 1942, est un acteur, scénariste, réalisateur et producteur de renom. Il est aujourd'hui parmi les acteurs les plus doués et les plus appréciés du cinéma italien. Il a mené une très riche carrière au long de laquelle il a interprété une palette de personnages très différents, grâce à son talent éclectique qui lui permet de passer du rôle de l'ouvrier à celui du *boss* mafieux et de la comédie au drame. Il est également capable de jongler avec tous les dialectes italiens. Une enfance partagée entre La Spezia et Naples, un diplôme d'ingénieur en poche, il s'oriente vers une carrière artistique avec des cours à l'Académie Nationale Silvio d'Amico à Rome.

Après ses premiers pas au théâtre, Giannini débute le cinéma en 1965 avec *Fango Sulla metropoli* ; il accède à la célébrité en 1967 avec une adaptation d'un téléfilm de Charles Dickens. C'est de sa collaboration avec la réalisatrice Lina Wertmüller que naissent ses plus célèbres interprétations dont F*ilm d'amour et d'anarchie* en 1973, pour lequel il recevra le Prix d'interprétation masculine au Festival de Cannes ; pour *Pasqualino* il ira même jusqu'à être nominé pour l'Oscar du meilleur acteur en 1977.

Tout au long de sa carrière, Giannini a travaillé avec les plus grands producteurs du cinéma italien, dont Luchino Visconti, Tinto Brass et Dino Risi. A l'international il compte bon nombre d'apparitions dans des films américains (*Hannibal* de Ridley Scott, *New York Stories* de Francis Ford Coppola, *Casino Royal* de Martin Campbell, et bien d'autres).

VISITE

Manarola
© PANEMOJ / ISTOCKPHOTO

CINQUE TERRE

Qui n'a jamais fermé les yeux pour s'évader et rêver de ce lieu insolite, poétique, romantique et authentique, où la mer d'un bleu profond vient se divertir sur les rochers, où la nature est brute, les maisons colorées, et l'air frais et parfumé ? Qui n'a jamais, sans le savoir, rêvé des Cinque Terre ? Cet endroit si beau, si majestueux, si authentique, si peu propice à la vie moderne et mercantile qu'il fut peu à peu délaissé jusqu'à être répertorié parmi les cent sites de la planète en voie de disparition.

C'est alors qu'avec courage, volonté et une détermination tout entière, à partir des années 1980, ceux qui chérissent cette région ont rassemblé leurs forces pour redonner vie à ces lieux. Un travail colossal a alors été réalisé pour réhabiliter ces terres mais aussi un certain savoir-faire. Les hommes ont arraché à la montagne d'étroites terrasses afin d'y cultiver la vigne qui donne l'inimitable liqueur de sciacchetrà. Tout autour, c'est un paysage où la beauté de la nature se marie à celle de l'œuvre humaine. Le parc national s'emploie, depuis lors, à préserver cette nature sans jamais la contredire et surtout à garder sous contrôle le développement touristique lié à la beauté des lieux. Il gère ainsi ses propres structures d'accueil, son réseau ferroviaire, et sa production

Panorama sur Monterosso al Mare.

Par monts et par vaux : randonner dans les Cinque Terre

Parcourir les sentiers de Cinque Terre est quelque chose d'incontournable pour saisir l'esprit de ces terres millénaires. Chemins séculaires pittoresques et plus ou moins arpentés, ils sont le lien indissoluble entre la mer, les collines et les villages. Le long de la côte ou depuis les sanctuaires perchés sur les collines, ils ne demandent pas d'entraînement particulier, mais simplement un bon équipement (chaussures de marche ou baskets, de l'eau et selon la saison un chapeau ou de quoi se couvrir). En voici les deux principaux. Pour connaître les autres, demandez la carte détaillée aux points information. Attention ! Soumis aux caprices des intempéries, les sentiers des Cinque Terre souffrent souvent d'éboulements et de mauvaises conditions d'entretien. Il vaut toujours mieux se renseigner de leur état avant de s'aventurer en promenade.
Voici les deux principaux sentiers qui ensuite se dédoublent en autant de petits sentiers (en fonction de votre point de départ).

- **Sentier haut** (del Crinale). Un ancien sentier muletier qui se déroule le long de la ligne entre la mer et l'arrière-pays. Le parcours complet s'étend sur 40 km de Levanto jusqu'à Portovenere. Très linéaire et régulier, accessible à tous, il croise plusieurs sentiers secondaires qui redescendent vers la côte.
- **Sentier bleu** (Azzurro). Parmi les plus aimés de la région, ce sentier relie les Cinque Terre entre elles, de Riomaggiore à Monterosso, par un parcours panoramique de 12 km, dont fait partie la célèbre Via dell'Amore. Il ne présente aucune difficulté majeure, et plusieurs chemins muletiers remontent vers les sommets en longeant les caractéristiques murets en pierre sèche.

agricole afin d'assurer un développement modéré et en accord avec sa terre. Avec ses 3 500 ha, le parc est un paradis pour les marcheurs, qui seront ravis de fouler les sentiers qui serpentent au milieu des vignes, des oliviers et du vert maquis méditerranéen.
Monterosso, Vernazza, Corniglia, Manarola, Riomaggiore, ainsi sont nommées ces cinq perles entre les deux promontoires de Punta Mesco et Punta del Persico. S'il fallait trouver un seul défaut aux Cinque Terre, il faudrait souligner l'invasion massive des touristes en haute saison. L'intensification touristique, pourtant nécessaire à l'économie locale, a déjà apporté ses effets néfastes, notamment la pollution. Soyez particulièrement respectueux des règles de savoir-vivre dans le parc et si possible tentez d'organiser votre visite en dehors des mois d'été. Vous pourrez ainsi en profiter pleinement et en saisir toute la magie.

MONTEROSSO

Monterosso est le premier des cinq villages que l'on croise en arrivant par l'ouest. Il tire son nom de l'ancienne ville romaine *Mons Rubra* – les Rubra étant les seigneurs des lieux de l'époque.
Les vestiges d'un château qui séparent la partie ancienne de la moderne, une tour médiévale et un couvent du XIe siècle illustrent l'importance que cette localité revêtait autrefois.
Dans le vieux bourg au charme d'antan, on rencontre les solutions architecturales communes à chacune des Cinque Terre : des venelles enchevêtrées, une place du village avec une église paroissiale, des passages couverts qui relient les habitations de pêcheurs aux façades peintes. Le noyau originaire de Monterosso est né sur les bords d'un cour d'eau, le rio Buranco, qui coule encore aujourd'hui sous la Via Roma. Fegina, la partie la plus moderne du pays, offre aux visiteurs un bon choix d'hôtels, de restaurants ainsi qu'une belle plage de sable, qui en fait une destination idéale pour les familles avec enfants. Une agréable promenade le long de la mer conduit jusqu'à *Géant*, une imposante statue de Neptune, haute de 14 m, qui soutenait sur ses épaules la terrasse d'une villa de 1910, détruite par les bombardements de la Seconde Guerre mondiale. Un peu plus loin, de belles villas Art déco rappellent l'importance de Monterosso en tant que localité de villégiature au début du XXe siècle. L'une d'elles appartenait au poète et Prix Nobel Eugenio Montale, qui rédigea ici bon nombre de ses poèmes.

Transports

Comment y accéder et en partir

▶ **Voiture.** Autoroute A12, sortie Carrodano. Poursuivre sur la SP370 en direction de Monterosso (35 km de La Spezia).

Un pass « partout » : la Cinque Terre Card

La Cinque Terre Card est une carte permettant l'accès à différents services à l'intérieur du parc national des Cinque Terre. Valable 1 ou 2 jours, elle répond aux différentes exigences des visiteurs. Il existe deux types de cartes en vente aux offices du tourisme des cinq localités.

▶ **Cinque Terre Card.** Tarif 1 jour : 7,50 € ; 2 jours : 14,50 €. Le pass donne accès à tous les sentiers du Parc, il permet de participer aux visites guidées selon calendrier, d'employer le service de navette à l'intérieur des bourgs, d'accéder aux toilettes publiques, de se connecter au Wi-Fi auprès des *Hot Spot* du Parc et de bénéficier du tarif réduit dans les musées municipaux de La Spezia.

▶ **Cinque Terre Card Treno.** Tarif 1 jour : 12 € ; 2 jours : 23 €. Tous les avantages précédents auxquels s'ajoute la circulation illimitée en 2e classe, entre les gares de La Spezia et de Levanto pendant toute la période de validité de la carte.

Plage de Monterosso.

Pétunias aux fenêtres de Monterosso.

POUR CEUX QUI VOYAGENT EN AVION

Les aéroports les plus proches des Cinque Terre sont celui de Gênes (Genova) et celui de Pise en Toscane. Les deux sont régulièrement reliés aux gares ferroviaires, à partir desquelles vous pourrez monter dans un train vers les cinq bourgs. Des loueurs de voitures sont également présents dans les halls d'arrivée.

AÉROPORT G. GALILEI

PISE – PISA
www.pisa-airport.com
A 1 km du centre de Pise.
L'aéroport le plus important de Toscane, avant même celui de Florence. Vols à destinations de tous les principaux aéroports du pays et d'Europe. Les compagnies low-cost Easyjet et Ryanair ont choisi Pise plutôt que Florence. La particularité de cet aéroport est qu'il se situe à Pise-même, on pourrait même rejoindre le centre à pied ! Des bus de la Compagnie Pisane de Transport (CPT) sont quand même là pour relier l'aéroport au centre-ville toutes les 20 minutes et depuis la gare de *Pisa aeroporto* on peut se rendre à *Pisa centrale* (2 minutes) ou à Florence (environ 1h).

Pisa Mover : A noter qu'à l'aéroport, un comptoir d'informations touristiques est ouvert tous les jours de 9h30 à 21h30.

Location de voitures : une navette gratuite circule entre les bureaux/ parkings et le terminal de passagers.

Navette entre l'aéroport de Pise et la gare de Pisa Stazione Centrale. Arrêt face au Hall A, départs toutes les 10 minutes entre 6h et minuit. Ticket 1,30 €.

AÉROPORT INTERNATIONAL C. COLOMBO

Sestri Ponente (8 km à l'ouest du centre)
GÊNES
✆ +39 010 60 151 / +39 010 601 5407
www.airport.genova.it
info@airport.genova.it
Volabus : Tarif 6 € (ticket valable sur tout le réseau urbain pendant 1 heure).
L'aéroport a sa piste principale construite sur l'eau, ce qui rend l'atterrissage des avions assez impressionnant. Liaisons quotidiennes avec plusieurs destinations en Italie et en Europe. Pour la France, 3 allers-retours par jour avec Paris-CDG (Air France).

Volabus. Navette entre l'aéroport et les gares ferroviaires de Principe et de Brignole (trajet 20-30 minutes). Départs toutes les heures de la gare de Brignole avec un arrêt à Principe. Service actif de 6h à 23h environ.

Location de voitures à l'aéroport : Avis ✆ +39 010 65 07 280 – www.avisautonoleggio.it – Europcar ✆ +39 010 65 94 881 – www.europcar.it – Hertz ✆ +39 010 65 12 422 – www.hertz.it – Auto Europa ✆ +39 010 65 91 536, www.sbc.it – E-Sixt ✆ +30 010 65 12 11 – www.sixt.it Maggiore ✆ +39 010 65 12 467, www.maggiore.it.

Parking. Monterosso est le seul bourg avec Manarola, à disposer de parkings à l'intérieur du centre urbain. Il en compte même deux, Loreto et Fegina, un à proximité de la mer et l'autre à l'entrée du village. Les deux ne sont surveillés qu'en haute saison. Tarifs : 1 heure : 1,50 €, 24 heures : 15-17 €.

Train. Gare de Monterosso (23 minutes de trajet depuis La Spezia).

Bateau. Liaisons maritimes entre chacune des Cinque Terre, le golfe des Poètes et le promontoire de Portofino (✆ +39 0187 732987 – www.navigazionegolfodeipoeti.it).

LIGURENT NOLEGGIO

✆ +39 320 72 24 142
www.ligurentnoleggio.com
info@ligurentnoleggio.com
Prix selon typologie de véhicule.
Une agence sérieuse basée à Gênes qui loue des scooters (125cc et 50cc), des motos et des smart. De plus la livraison est gratuite pour toute location de plus de 48h ! Un excellent moyen pour visiter la région, mais attention, l'accès est interdit à tout véhicule, y compris aux deux roues.

Se déplacer

TAXI

✆ +39 335 616 5842 /
+39 335 616 845
www.speedytaxi.it
drivers@speedytaxi.it
Trajet Monterosso/Pisa aéroport environ 200 €.
Seule compagnie de taxi des Cinque Terre. Ces voitures effectuent également les transports de/vers les aéroports de Milan, Gênes, Pise et Florence, bien que ce ne soit pas la solution la plus économique.

La plage de Monterosso.

Pratique

OFFICE DU TOURISME
Via Fegina, 40
Gare ferroviaire
✆ +39 0187 817 059 /
+39 0187 76 26 00
www.parconazionale5terre.it

Se loger

Bien et pas cher

SANTUARIO DI SOVIORE
Loc. Soviore
✆ +39 0187 81 73 85
www.soviore.it
info@soviore.it
7 km au nord de Monterosso par la SP38
Chambre double à partir de 70 €.
La tradition de l'hospitalité du sanctuaire de Monterosso remonte à loin. Depuis le jubilé de 2000, les espaces autrefois réservés aux pèlerins ont été réaménagés aussi bien pour les dévots que pour les autres visiteurs. Une cinquantaine de chambres, d'une simplicité monacale mais propres et fonctionnelles, conviendront particulièrement aux familles pour un séjour dans un cadre atypique. En pleine forêt, sur la colline au dos de Monterosso, vous serez ici dans une tranquillité complète, loin des bains de foule du bord de mer. Restaurant avec possibilité de demi-pension.

Confort ou charme

A CA' DU GIGANTE
Via IV Novembre, 11
✆ + 39 0187 81 74 01
www.ilgigantecinqueterre.it
ilgigante@ilgigantecinqueterre.it
Chambre double 120-190 €, simple 90-170 €. Wifi. Petit déjeuner inclus.
Au centre de Monterosso à quelques mètres de la plage, voici un établissement de qualité qui maîtrise bien l'art de recevoir ses hôtes. Six chambres équipées de tous les conforts, nommées d'après des promontoires célèbres des Cinque Terre, rayonnent autour de la jolie salle du petit-déjeuner. Dans une autre maisonnette un peu plus loin, trois autres chambres plus grandes, profitent quant à elles de la vue sur la mer. Le grand avantage : le parking privé gratuit.

CINQUE TERRE
Via IV Novembre, 21
✆ +39 0187 81 75 43
www.hotel5terre.com
info@hotel5terre.com
Chambre double 120-180 €, simple 80-130 €. Petit déjeuner inclus. Wifi.
Un hôtel à l'ancienne, au confort discret et aux chambres un peu *kitsch* mais tout à fait convenables. L'établissement plutôt vaste (53 chambres) dispose d'un joli jardin ombragé et d'un parking. De plus, la plage n'est qu'à quelques pas.

LA COLONNINA
Via Zuecca, 6
✆ +39 0187 81 74 39
www.lacolonninacinqueterre.it
info@lacolonninacinqueterre.it
Chambre double à partir de 120 €. Petit déjeuner inclus. Wifi.
Dans l'un des étroits *caruggi* dans la partie haute du bourg de Monterosso, un hôtel de qualité géré pour une famille, avec petit jardin ombragé et chambres vastes, modernes et confortables.

LOCANDA IL MAESTRALE

Via Roma, 37
✆ +39 0187 817 013
www.locandamaestrale.net
maestrale@monterossonet.com
Simple 70-130 €, double 90-170 €, suite 110-200 €. Petit déjeuner compris. Wifi. Enfants de moins de 8 ans non acceptés.
Un halte romantique au cœur de Monterosso, aménagée avec beaucoup de goût sur deux étages d'un palais du XVIIe siècle. Les tons, jaune et mauve, rappellent les citrons et la lavande du maquis, les chambres portent chacune le nom de l'une des Cinque Terre ; elles sont vastes et lumineuses et le petit déjeuner en terrasse est vraiment très agréable.

Luxe

PORTO ROCA

Via Corone, 1
www.portoroca.it
portoroca@portoroca.it
Chambre double à partir de 160 € ; chambre double avec vue à partir de 295 € ; suite junior à partir de 375 € ; suite à partir de 580 €. Petit déjeuner inclus. Wifi. Plage de juin à septembre (avec parasols et chaises à la plage). Piscine.
Un emplacement de rêve pour cet établissement de standing (le plus luxueux des Cinque Terre) suspendu au-dessus de la falaise à pic sur la mer et à l'ambiance un peu démodée dans la déco intérieure.
Chambres de différentes typologies, mais toutes confortables. Belle vue également depuis la salle de restaurant où déguster de bonnes spécialités de poisson.

Se restaurer

Pause gourmande

IL FORNAIO DI MONTEROSSO

Via Fegina, 112
✆ +39 0187 81 74 20
Boulangerie de rêve, voici le *spot* idéal pour céder à la gourmandise et croquer dans une tranche de pizza fumante ou dans une *focaccia* bien onctueuse d'huile d'olive, sur le bord de mer de Monterosso.

Bien et pas cher

BARABBA

Via Figina, 11
✆ +39 0187 817 835
www.barabba.it
Addition 15-25 €.
Le sable fin de la plage de Monterosso arrive jusqu'aux pieds des grandes baies vitrées de cette brasserie au *design* moderne. Une vaste terrasse permet de profiter de la vue sur la mer, mais le bar à l'intérieur est tout aussi agréable le temps d'un café ou d'un verre de *Spritz* au comptoir. La pizza est ici l'une des meilleures des cinq bourgs, pâtes et quelques plats de viande complètent la carte.

Bonnes tables

LA CAMBUSA

Via Roma, 8
✆ +39 0187 817 546
Addition 20-40 €. Fermé le lundi.
Au cœur de la partie ancienne de Monterosso, une adresse qui tient boutique depuis belle lurette, où déguster de bons plats de pâtes et quelques spécialités régionales : les anchois farcis, marinés, au citron...

Monterosso.

Monterosso al mare.

Les anchois de Monterosso

Selon les connaisseurs, les anchois de Monterosso ont une saveur et un parfum incomparables. Célèbres pour leur goût fort et délicat à la fois, ils ont longtemps été à la base de l'alimentation locale, ce qui leur a valu l'appellation de *pan de ma'*, le pain de la mer.
Aujourd'hui, on tente de faire revivre l'ancienne tradition de la pêche aux *lampare*, des lanternes lumineuses qui éclairent l'eau. Les anchois attirés par la luminosité du plancton se font prendre dans les filets. Conservés sous sel, parmi les mille manières de les déguster, essayez-les frits ou selon la recette traditionnelle en tian, dans une casserole huilée sur un lit de pommes de terre.

Autre plat fort, les *spaghetti alla Cambusa* avec des fruits de mer sautés à la poêle. Souvent ouvert en baisse saison, alors que tous les autres sont en vacances.

■ LA CANTINA DI MIKY
Via Fegina, 90
✆ + 39 0187 80 25 25
www.cantinadimiky.it
Addition 20-40 €. Fermé le mercredi, sauf en août.
Petit frère du restaurant Miky, ce bistrot marin et à la fois design joue la carte chic et informelle. Incollable côté cave, avec plus de 250 étiquettes, la Cantina (qui veut dire « cave ») de Miky propose un bon choix de plats régionaux, frais et savoureux. Terrasse très agréable.

Luxe

■ MIKY
Via Fegina, 104
✆ +39 0187 817 608
www.ristorantemiky.it
miky@ristorantemiky.it
Ouvert du 15 mars au 4 novembre. Fermé le mardi sauf pendant le mois d'août. Addition 40-80 €.
Pour les amateurs de poissons frais, voici une des meilleures adresses de la région. Son décor de style marin à rayures blanches et bleues en fait également un des restaurants les plus attrayants du bord de mer de Monterosso. A ne pas manquer, les anchois à la manière de Monterosso et les *trenette alla pescatrice* (petites pâtes à la sauce de poisson) servies dans une coquille de pain.

À voir – À faire

La colline de San Cristoforo sépare le nouveau centre du vieux bourg, là où sont rassemblés les monuments anciens. Une petite promenade en montée conduit aux vestiges d'un château médiéval sur la colline, d'où l'on profite d'une vue admirable, d'un côté sur le promontoire de Punta Mesco et de l'autre sur les terrasses cultivées des autres Terres. À Fegina, le quartier résidentiel plus moderne, s'étend la seule longue plage de sable des Cinque Terre.

ÉGLISE SAN FRANCESCO ★

Adjacente au couvent des Capucins sur le promontoire de San Cristoforo, l'église consacrée en 1623 présente une façade à bandes noires et blanches typique des édifices religieux de la région. L'intérieur à nef unique conserve des œuvres remarquables, dont une Crucifixion attribuée à Van Dyck, une peinture de Bernardo Strozzi, un saint Jérôme pénitent et une Pietà attribués à Luca Cambiaso. Sur le parvis de l'église, la statue de *Saint François et le loup*, datée 1962 en position panoramique domine le promontoire.

ÉGLISE SAN GIOVANNI BATTISTA ★

Piazza Garibaldi

Eglise paroissiale à la caractéristique façade bichrome noire et blanche. A l'intérieur, une inscription sur la deuxième colonne de gauche indique la date de construction 1244-1307. Le clocher servait également de tour de garde afin de prévenir les incursions pirates. Dédiée au saint patron de Monterosso. À l'intérieur, remarquez les beaux fonts baptismaux datés 1360 et l'autel baroque réalisé en marbre polychrome.

ORATORIO DEI NERI ★

Piazza Colombo

Monterosso al Mare

Bâti au XVIIe siècle grâce aux donations des habitants de Monterosso, cet oratoire de très belle facture représente à lui seul un *memento mori*. En effet l'inscription gravée sur sa façade *mortis et orationis* (mort et prière) rappelle que la confrérie qui gérait l'oratoire se dévouait à la prière au secours des indigents ne pouvant s'offrir d'oraisons funèbres. Le devoir lugubre des frères est évoqué dans le décor intérieur de l'édifice : ici, des crânes et des allégories en stuc et en bois de la mort recouvrent les parois et le chœur.

Balades

Le territoire des Cinque Terre est traversé par de nombreux sentiers, qui permettent

Sur les pas d'Eugenio Montale

De Punta del Mesco qui ferme les Cinque Terre à l'ouest, jusqu'aux ruines d'une ancienne cabane des douaniers à l'est du bourg, en poussant jusqu'au maquis des collines de l'arrière-pays, tout Monterosso résonne des vers des poèmes du génois Eugenio Montale (1896-1981). Le Prix Nobel de littérature en 1975 a passé ici ses vacances pendant toute son enfance et son adolescence. Ces lieux font aujourd'hui partie du Parc Littéraire Eugenio Montale, une association qui propose de reparcourir les lieux chantés par le poète entre la Villa Montale (privée, fermée au public) jusqu'au petit cimetière du pays, tout en décrivant les particularités botaniques du territoires des Cinque Terre. Renseignements pour visites guidées de groupe : © +39 0187 21 223 ou bien M. Carlo Torricelli © +39 339 834 0911.

Intérieur de l'église Saint Jean-Baptiste de Monterosso.

aux passionnés de randonnée de passer une agréable journée dans la nature, sur des chemins à pic sur la mer, en profitant de panoramas à couper le souffle.

Monterosso (au choix le point de départ ou d'arrivée) est THE PLACE pour les balades dans la région et notamment celles du sentier rouge et des sentiers bleus.

BALADE SUR LE PROMONTOIRE DE SAN CRISTOFORO

Difficulté basse. 1,5 kilomètres. Durée 1 heure. Sentier bleu.

Depuis Monterosso, un chemin facile grimpe entre les rochers sur le promontoire de San Cristoforo, la petite hauteur qui sépare la vieille ville de Monterosso à l'est de l'habitat de Fegina à l'ouest. Vous trouverez ici le couvent des Capucins du XVIIe siècle, annexe à l'église de Saint François. Magnifique panorama sur les falaise à pic sur la mer.

SENTIER MONTEROSSO – PUNTA MESCO – LEVANTO

Difficulté moyenne. 7 kilomètres. Comptez 3 heures. Sentier rouge.

C'est un sentier que tout le monde connait et emprunte puisqu'il relie le centre-ville au monastère Sant-Antonio via un magnifique panorama sur les Cinque Terre.

Ce senier part à l'ouest de Monterosso en direction de Levanto et serpente entre villas et jardins, pour arriver au phare de la Pointe du Mesco d'où l'on jouit d'un très beau point de vue sur les cinq bourgs et leurs côtes. Sur le chemin vous croiserez les vestiges de l'église de Sant'Antonio Abate, remontant au XIVe siècle.

Rouge vs bleu

Les Cinque Terre sont enchassés de sentiers. On peut en distinguer deux différents : le sentier rouge est gratuit et ouvert à tous. Les sentiers bleus sont eux payants et ne sont accessibles qu'aux porteurs de la carte des Cinque Terre. Ces sentiers bleus sont en réalité un seul et unique sentier qui relie entre eux tous les villages des Cinque Terre. Il est possible de l'arpenter en une fois (pour une durée totale de 5 à 6 heures) ou en autant fois que vous le voudrez en s'arrêtant à chaque fois.

SENTIER VERS LE SANCTUAIRE DE LA MADONNA DI SOVIORE ★★

Loc. Soviore

7 km au nord de Monterosso par la SP38

Difficulté basse. 7 kilomètres. Durée 3 heures. Sentier bleu.

Depuis Monterosso, un sentier qui se transforme par endroits en gradins accrochés au terrain, conduit en deux heures environ à ce sanctuaire, parmi les plus anciens d'Italie. Au départ du village, il faut emprunter la rue Roma jusqu'à une croix de fer et là prendre le sentier balisé sur la droite. Après une marche un peu montante, on arrive au sanctuaire. Ce dernier, connu dès la fin du Xe siècle, possède une structure actuelle qui remonte au XIIe siècle. Une statue en bois de la Vierge Douloureuse, objet de vénération, est conservée à l'intérieur. La population locale en fuite face à l'invasion des Lombards aurait caché la statue pour la protéger des envahisseurs. Des siècles plus tard, une colombe en vol se serait posée précisément à l'endroit où la statue était ensevelie. Ici donc il fut décidé d'édifier un sanctuaire. Aujourd'hui, les experts attribuent la statue à des artistes du XVe siècle. Remanié au XVe, l'intérieur du sanctuaire à nef unique est décoré de fresques du XVIe siècle qui représentent justement la légende de la statue.

Sports - Détente - Loisirs

PESCATURISMO A MONTEROSSO

✆ +39 0187 81 70 53 /
+39 335 53 96 148

www.monterossopescaturismo.org

Pêche diurne 60 €/par personne ; pêche nocturne 100 €/par personne. Excursions 80 €/heure, jusqu'à 4 personnes ; 100 € de 5 à 7 personnes. Les enfants de 6 ans sont embarqués gratuitement. Chambre double 70 €/nuit, petit déjeuner compris.

Lui est né à Monterosso, elle est suisse romande et amoureuse des Cinque Terre. Beppe et Isabelle conduisent les curieux à bord d'une sympathique barque de pêcheur pour pêcher à l'ancienne. Le jour on profite du paysage, la nuit on assiste à la traditionnelle pêche aux anchois, selon les règles de l'art. Chez eux, ils proposent également une chambre double, sans chichis mais confortable et des excursions en bateau.

PLAGES

Plage de Fegina. À l'ouest du bourg en sortant de la gare, cette plage de galets est souvent prise d'assaut en haute saison. Qu'à cela ne tienne, le spectacle de la statue du géant qui garde la plage et ses eaux bleues composent un cadre assez exceptionnel. Location de matériel, bar et restaurant.

Plage de Monterosso. Plus étroite que la plage de Fegina, celle de Monterosso n'en est pas moins fréquentée. Serrée entre le petit port, le chemin de fer et le promontoire de San Cristoforo, elle s'étend juste en face de l'ancien bourg.

Shopping

ENOTECA 5 TERRE

Via Fegina, 92/94
✆ +39 0187 81 80 63
Tous les jours de 10h à 18h. Fermé le dimanche hors saison.
Une boutique sympathique qui vend les vrais produits des 5 Terre fournis directement par les producteurs. Pesto, pâtes, vins du terroir et l'immanquable liqueur de citron le *sciacchetrà* à des prix raisonnables. Terrasse pour dégustation sur place.

ENOTECA INTERNAZIONALE

Via Roma, 62
✆ +39 0187 817 278
www.enotecainternazionale.com
info@enotecainternazionale.com
Une sélection de vins de qualité, allant des grandes étiquettes aux vins des petits producteurs locaux. A l'extérieur, une agréable terrasse se prête à siroter un verre en apéritif, accompagné de planches de fromage et de charcuterie.

FABBRICA D'ARTE MONTEROSSO

Via Vittorio Emanuele, 27
✆ +39 0187 81 74 88
www.fabbricadarte.blogspot.it
A partir de Pâques tous les jours 10h-19h. Hors saison uniquement le week-end.
Une boutique de céramistes vraiment hors du commun, les artisans font avec l'argile de vraies merveilles. Leurs productions ? Non seulement toutes sortes de poteries peintes en raku, mais surtout des impressionnants paysages de crèches, qui, tel un tableau, représentent les caractéristiques façades peintes des villes ligures.

VERNAZZA ★★★

On dit que Vernazza, avec son port naturel et ses maisons enchevêtrées accrochées à la colline, serait la plus belle et la plus romantique des Cinque Terre. Elle est plus intime que Monterosso, et les tables des cafés donnant sur la petite place invitent les passants à s'arrêter le temps d'un café ou d'un apéritif au coucher de soleil (ce sont aussi de très bonnes adresses pour manger). Un *Castrum Vernatio* est mentionné à partir de l'an 1080. Sa double nature de terre et de mer a sûrement participé à la fortune de Vernazza, qui devint la plus riche des Cinque Terre. Des portails sculptés, des demeures à *loggia* et des arcades témoignent d'un souci décoratif plus recherché que dans les villages voisins. Des cinq bourgs, Vernazza est celui qui a le plus souffert de l'inondation de l'automne 2011. Vous remarquerez encore sur les façades des maisons du centre-ville, jusqu'au premier étage, la marque du fleuve de boue qui dévala la Via Roma et la Via Visconti jusqu'à la mer, au moment des précipitations. Certaines devantures de boutiques sont peintes de jolies fresques, un hommage artistique de jeunes artistes aux commerçants locaux, victimes de la catastrophe.

Transports

Voiture. Autoroute A12, sortie Levanto-Carrodano. Suivre les indications pour Corniglia, Vernazza et Monterosso (28 km de La Spezia).

Parking. Parking payant à 1 km du bourg (1 heure : 2 €, 24 heures : 12 €). Un service de navette relie le parking au centre (toutes les 15 minutes de 8h30 à 20h, ticket : 1,50 €).

Train. Gare de Vernazza (18 minutes depuis La Spezia).

PORT TOURISTIQUE

Celui de Vernazza est le seul port touristique des Cinque Terre. Pour autant nous conseillons vivement de contacter la capitainerie du port si vous prévoyez de jeter les amarres ici, vu la taille modeste de la baie et le nombre limité des mouillages.

Pratique

OFFICE DE TOURISME

Gare ferroviaire
Via Roma, 51
✆ +39 0187 812 533
www.parconazionale5terre.it
Ouvert tous les jours de 8h à 20h.

Se loger

GIANNI FRANZI

Piazza Marconi, 5
✆ +39 0187 821 003
www.giannifranzi.it
Simple à 55 € (sans salle de bains) et 85 € (avec), double 90 € (sans salle de bains) et de 110 à 155 € (avec). Petit déjeuner inclus. Wifi.
Eparpillées entre la Via S. Giovanni Battista et la Via Guidoni, les chambres conservent un parfum d'autrefois avec leurs couleurs chaudes et leur mobilier régional typique. Un endroit 100% ligure, avec un zeste de nostalgie qui s'inscrit à merveille dans l'environnement magique des Cinque Terre. Gianni Franzi est aussi une *trattoria* de renom, réputée pour ses tians d'anchois.

LA MALÀ

Via San Giovanni Battista, 29
✆ +39 334 28 75 718
www.lamala.it – info@lamala.it
Chambre double 140-220 €. Petit déjeuner inclus. Wifi.
Un design épuré, des draps blancs immaculés, une vue sur la mer qui se perd à l'infini, voici les ingrédients de ce B&B chic et discret qui compte déjà de nombreux habitués. Quatre jeunes cousins ont repris l'ancienne demeure de leur grands-parents pour en faire un établissement au confort moderne, un brin romantique au charme incontesté. Pour y parvenir, un dédale de ruelles serpente sur la petite hauteur de Vernazza : ainsi, n'hésitez pas à demandez à ce que l'on vienne vous chercher sur la place du village...

Se restaurer

IL GAMBERO ROSSO

Piazza Marconi, 7
✆ +39 0187 812 265
www.ristorantegamberorosso.net
info@ristorantegamberorosso.net
Repas 25-50 €. Fermé le lundi.
Restaurant réputé sur la place pittoresque de Vernazza, le plat fort du Gambero Rosso est sans aucun doute le tian d'anchois et de pommes de terre, la recette traditionnelle de Vernazza, cuite au four dans une casserole en cuivre (le tian).

La côte de Vernazza.

La place du village de Vernazza.

© POIKE – ISTOCKPHOTO

Vernazza.

© WEKWEK – iStockphoto

Vernazza et son port.

Histoires de pirates

Le seul port naturel des Cinque Terre a inévitablement contribué à la vocation marine des habitants de Vernazza. Déjà utilisé probablement dès l'époque romaine, les navires venus ici pour le commerce du vin local y larguaient leurs amarres. Par la suite, la rade devient au Moyen Age une base importante dans la lutte contre les pirates Sarrasins qui infestaient la côte ligure. C'est dans cet objectif que les seigneurs locaux, les Obertenghi, fortifièrent les lieux.
Devenue génoise, Vernazza se transforma en une vivace escale commerciale tout en conservant son rôle de place forte stratégique contre les attaques des corsaires.
C'est à cette époque que l'on aménage le port de manière à pouvoir y accueillir les puissantes galères de la République de Gênes. Ironie du sort, les mêmes habitants de Vernazza se révélèrent être de redoutables corsaires à la solde de Gênes, en particulier lors des batailles contre Pise, d'où ils rapportaient des butins conséquents.

BELFORTE
Via Guidoni, 42
✆ +39 0187 81 22 22
www.ristorantebelforte.it
Repas 25-50 €. Fermé mardi.
Son point fort ? Sans nul doute sa position unique sur le donjon de l'ancienne petite forteresse qui domine Vernazza et son port. Quelle vue et quel spectacle ! Romantique à souhait, la cuisine ne lui fait pas défaut. Honneur au poisson (bien évidemment) et aux saveurs ligures. Le chef met un point d'honneur sur ses *pasta* : préparées maison elles sont assaisonnées avec le plus grand soin au pesto, aux fruits de mer, aux anchois, aux légumes et gambas...

TRATTORIA DA SANDRO
Via Roma, 60
✆ +39 0187 81 22 23
Addition 25 €-45 €.
Juste à la sortie de la gare de Vernazza, cette jolie petite trattoria propose les recettes de la tradition. Une attention particulière est apportée au choix des matières premières, pour la préparation des plats qui varient selon les saisons. *Fritto misto* (friture de poisson et légume) et *minestrone* au pesto sont ici toujours réussis.

À voir – À faire

Vernazza s'articule autour de sa mythique petite place sur le port, entourée par l'église de Santa Margherita, d'un palais précédé d'une élégante *loggia* en arcades et par une enfilade de maisons aux façades peintes qui rendent le cadre idyllique. Dans la partie haute du bourg, les vestiges du château Doria dominent le village. Toutes les ruelles mènent vers la Piazza Marconi face à la mer ; cette place pittoresque devient en été une sorte de salon à ciel ouvert, cadre idéal de la promenade du soir pour les touristes comme pour les riverains.

CHÂTEAU DORIA ★

À l'extrémité sud-est du village, on atteint le château de Vernazza par un escalier qui grimpe le long de 124 marches. Les ruines du château sont aujourd'hui le seul vestige de l'enceinte qui autrefois entourait la totalité du bourg. Une haute tour circulaire bâtie au XIIIe siècle, domine terre et mer du haut d'un éperon rocheux haut de 70 m. Construit autour du XIe siècle par le seigneurs locaux, les Obertenghi, successivement agrandi par les Gênois, le château est entouré sur trois côtés par les flots et présente une seule entrée très étroite côté village, une caractéristique qui en faisait une forteresse quasiment imprenable.

Pendant la Seconde Guerre mondiale, les Allemands s'en servirent en tant place forte militaire ; la structure fut lourdement endommagée par les bombardements alliés. Aujourd'hui restauré, le château accueille régulièrement des conférences et des expositions temporaires.

ÉGLISE DE SAN FRANCESCO ★

Via San Francesco

Édifiée au milieu du XVIIe siècle au pied des collines qui dominent le bourg, l'église aujourd'hui déconsacrée et son couvent annexe, accueillent évènements et concerts organisés par la municipalité. Dans le jardin se trouve une tour quadrangulaire dite Torrione, qui faisait partie des anciens remparts.

ÉGLISE SANTA MARGHERITA D'ANTIOCHIA ★

L'église dédiée à la sainte patronne de Vernazza, est mentionnée pour la première fois en 1318, mais sa construction remonte probablement au début du XIIe siècle. Son architecture est plutôt sobre et originale : érigée en style ligure, elle est formée par deux corps de bâtiment, celui médiéval à l'est et celui Renaissance à l'ouest. Agrandie et remaniée au XVIIe et XVIIIe siècles, elle présente un curieux clocher octogonal haut de 40 m. Curiosité : l'entrée se fait du côté de l'abside et non côté façade.

SANCTUAIRE DI NOSTRA SIGNORA DI REGGIO ★

La construction du sanctuaire, édifié sur des fondations plus anciennes, remonte à 1293. De style roman, en croix latine, le sanctuaire conserve dans la nef de droite une niche d'où jaillirait un liquide qui selon la tradition populaire, aurait des vertus thaumaturges.

A l'intérieur l'on vénère également un tableau de la *Vierge Noire à l'Enfant*, dite *l'Africaine*, que la tradition attribue à l'apôtre Saint Luc. Plus probablement, elle aurait été réalisée par une école de peinture génoise au XIVe siècle. Près de l'église, un couvent de religieuses reçoit régulièrement des séminaires et des retraites spirituelles.

Balades

Le territoire des Cinque Terre est traversé par de nombreux sentiers, qui permettent aux passionnés de randonnée de passer une agréable journée dans la nature, sur des chemins à pic sur la mer, en profitant de panoramas à couper le souffle. Trois sentiers partent de Vernazza.

SCALINATA (ESCALIER) POUR CORNIGLIA

Difficulté moyenne. 4 kilomètres. Durée : 1h45. Sentier bleu.

Au départ de Via Ettore Vernazza, une agréable randonnée mène jusqu'au bourg de Corniglia. Le sentier plutôt en pente, commence par serpenter à travers les terrasses cultivées en vignobles et oliviers avant d'atteindre le hameau de Prevo. Le point de vue sur Vernazza, son port et l'ensemble de la côte est ici à couper le souffle. Le parcours redescend ensuite vers la conque de Guvano, où vous trouverez ici une aire de pique-nique. Par la suite, la montée reprend ; il vous faudra traverser deux petits torrents (rien d'impossible) avant d'atteindre le bourg de Corniglia.

SENTIER VERS FOCE DRIGNINA

Difficulté modérée. 3 kilomètres. Durée : 2h (et le double aller-retour). Sentier bleu.

Au départ de Vernazza, prenez la route qui mène au cimetière puis à l'église Santo Bernardo. Là le sentier commence comme autant d'étapes du chemin de croix. Le sentier traverse ensuite un vignoble jusqu'à son arrivée au sanctuaire de la Madonna di Reggio, une madonne de couleur noire surnommée « l'africaine ». En continuant le sentier sur votre gauche, vous arriverez à Foce Drignina.

SENTIER VERS MONTEROSSO

Difficulté : moyenne. 3 kilomètres. Durée : 2h. Sentier bleu.

Au départ de la place centrale de Vernazza, prenez vers l'ouest le sentier qui en longeant la côte rejoint Monterosso. Après être passé sous un arc, une ruelle longeant la côte s'engage vers la plus grande plage des Cinque Terre. Dans la première partie du sentier vous pourrez admirer la Punta Linà et un peu plus loin le rocher du Moine (*scoglio del Frate*), ainsi dénommé d'après son étrange silhouette. Vous croiserez ensuite la petite crique de l'Acquapendente où coule le torrent du même nom. Le dernier trait du parcours grimpe le long d'escaliers assez en pente menant à Punta Corone et de là, à Monterosso.

VISITE

Sur les hauteurs de Vernazza.

Sports - Détente - Loisirs

PLAGE DE VERNAZZA

Aussi petite que pittoresque, très prisée par les vacanciers, la plage de galets de Vernazza s'étend sur le côté de la Piazza Marconi au cœur du bourg. Abritée du vent, sa position privilégiée permet de profiter d'ici d'un très beau panorama.

Shopping

CANTINA CHEO

Via Brigate Partigiane, 1
✆ +39 333 959 4758
Sur rendez-vous. Dégustation 15 €.
Viticulteurs depuis trois générations (voire plus), la famille Lercari produit l'une des meilleures *sciacchetrà* de la région. Monsieur Bartolomeo vous décrit avec passion les différentes phases de production des vins et des liqueurs locales, et avec un peu de chance, vous aurez peut-être même droit à une visite guidée à travers les vignobles cultivés en terrasse sur les collines au dos du pays.

ENOTECA SCIACCHETRÀ

Via Roma, 19
✆ +39 0187 821 112
Petit commerce qui propose un bon choix d'étiquettes sélectionnées attentivement parmi les petits producteurs locaux, ainsi qu'un bon choix de produits gastronomiques et de conserves des Cinque Terre.

CORNIGLIA ★★★

La « plus terrestre » des cinq sœurs, Corniglia est accrochée à un rocher à la limite d'un vallon couvert de vignobles. Il s'agit du bourg le plus élevé des Cinque Terre (presque 100 m au-dessus du niveau de la mer), il n'a d'ailleurs pas d'accès direct à la mer. On y accède par la Lardarina, une longue montée de 377 marches en brique, heureusement pas très escarpée. Rien n'atteste que Corniglia était habitée à l'époque romaine, mais nous avons des preuves certaines de l'existence du bourg à l'époque médiévale, connu dans les cours d'Europe pour la qualité de son vin. Plus raffinée que les autres, la structure des immeubles présente souvent des décorations peintes. Au Moyen Age, Corniglia était en effet une des résidences de la noble famille génoise des Fieschi. Petite et recueillie, on en a vite fait le tour, mais elle réserve d'agréables découvertes artistiques. On profite d'ici d'un panorama à couper le souffle sur la côte, peut-être l'un des plus beaux de la région. Le pays se développe autour de la centrale Via Fieschi, qui sent bon l'odeur des caves fraîches.

Transports

- **Voiture.** Depuis La Spezia, prendre la SP370, direction « Cinque Terre-Portovenere ». Après le troisième tunnel, suivre les indications pour Corniglia, Vernazza et Monterosso (25 km de La Spezia).
- **Train.** Gare de Corniglia (15 minutes depuis La Spezia). A défaut de monter à pied, des navettes (peu fréquentes en basse saison) assurent la liaison jusqu'au centre du bourg.

Pratique

OFFICE DU TOURISME

Via Alla Stazione
Gare ferroviaire
✆ +39 0187 812 523
www.parconazionale5terre.it

Corniglia.

Ruelle de Corniglia.

Se loger

B&B E TERRASSE

Via Fieschi, 102
✆ +39 349 84 59 684
www.eterasse.it
info@eterasse.it
Chambre double à partir de 100 €. Petit déjeuner inclus. Wifi.
Délicieux *bed & breakfast* au cœur de Corniglia. Une vue magnifique sur la mer et le paysage des Terre, trois chambres aux tons pastel et quatre petits appartements où flâne un quelque chose d'*Alice aux pays des Merveilles* ; accueil charmant de la part de la propriétaire, toujours prête à dispenser ses bons conseils pour une découverte parfaite de son pays. Très bon rapport qualité–prix.

OSTELLO DI CORNIGLIA

Via alla Stazione, 3
✆ + 39 0187 81 25 59
www.ostellocorniglia.com
ostellocorniglia@gmail.com
Dortoir 6 lits 24 €/personne, chambre double 60 €, petit-déjeuner 5 €. Wifi.
Nichée dans l'une des ruelles de Corniglia, cette auberge de jeunesse est l'une des seules solutions d'hébergement du bourg. Sans en attendre des merveilles, on y trouvera néanmoins des chambres propres et fonctionnelles. Attention ! L'auberge ferme ses portes entre 13h et 15h pour le ménage quotidien.

Se restaurer

Si vous n'êtes pas amateur de poisson, c'est bien dans les brasseries du centre de « la plus terrestre » des Cinque Terre, que l'on vous servira du lapin aux olives, des terrines de sanglier et des tagliatelles aux champignons dont vous garderez longtemps le souvenir.

© MARION CHEVALIER

Vue de Corniglia.

A CANTINA DE MANANAN

Via Fieschi, 117
✆ +39 0187 82 11 66
Addition 20-45 €. Fermé le mardi, sauf pendant le mois d'août.
Parmi les nombreuses enseignes de la Via Fieschi, cette petite *trattoria* aménagée dans les anciens entrepôts marchands d'un ancien palais mérite incontestablement le détour. Hormis les immanquables anchois (essayez-les en sauce avec les spaghetti), le menu propose une sélection de recettes de terre et de mer tout à fait alléchantes. On conseille.

À voir – À faire

Le cœur de Corniglia est la petite place Largo Taragio (*Er Taragiu* en dialecte ligure), dominée par l'oratoire des Flagellants de Santa Caterina (XVIIIe siècle).

ÉGLISE SAN PIETRO ⭐

Via Fieschi, 17
Située au bout de Via Fieschi, la rue qui traverse tout le village, cette église est l'un des exemples les plus aboutis du gothique ligure de la région. Construite en 1334 sur les restes d'un édifice plus ancien, sa façade en grès local est décorée d'une belle rosace finement ajourée, attribuée à Matteo et Pietro da Campiglio en 1351. Une statuette de Saint Pierre clés en main s'élève dans la lunette au dessus du portail. L'intérieur à trois nefs, réaménagé en style baroque conserve un beau bassin baptismal du XIIe siècle.

LARGO TARAGIO ⭐

Jolie place rafraîchie par des platanes, vous êtes ici au cœur de Corniglia. En son centre, voici s'élever le Monument aux morts alors que du côté sud vous apercevrez une petite église dédiée à sainte Catherine, autrefois siège de l'oratoire des Disciplinés, la confrérie du bourg. Derrière l'église des marches en pierre mènent à une petite place appelée « Fossa », où s'élèvent les ruines d'une tour, seul vestige des remparts qui jadis entouraient l'ensemble du bourg. Vous aurez d'ici une vue superbe sur Manarola et sur toute la côte.

SANCTUAIRE DE NOSTRA SIGNORA DELLE GRAZIE ⭐

Le long du sentier qui conduit de Corniglia à Vernazza une diramation à hauteur de l'habitat de Prevo conduit jusqu'à San Bernardino à 390 m d'altitude, fondé dit-on par Saint Bernardin au XVe siècle. Ici s'élève le sanctuaire de Notre–Dame–des–Grâces, de style roman, remanié au XIXe siècle. A l'intérieur les habitants des lieux portent une dévotion particulière à une huile sur toile représentant la Vierge à l'Enfant, à l'origine entourée par Saint Bernard et par Saint Bernardin. La toile a été coupée et aujourd'hui les deux saints se trouvent dans des chapelles latérales, alors que la Vierge trône au-dessus de l'autel. La croyance populaire veut que celle-ci n'ait jamais besoin d'être restaurée, car « pourvoyant elle-même à ses besoins d'entretien ». Chaque année, le 8 septembre, une procession religieuse rejoint le sanctuaire depuis Corniglia.

Balade

Le territoire des Cinque Terre est traversé par de nombreux sentiers, qui permettent aux passionnés de randonnée de passer une agréable journée dans la nature, sur des chemins à pic sur la mer, en profitant de panoramas à couper le souffle. Au départ de Corniglia, un sentier principal.

Intérieur de l'église San Pietro.

Façades colorées de Corniglia

BALADE DE LA COLLINE DES TROIS CROIX

Difficulté moyenne. 3 kilomètres. Durée : 2h. Sentier bleu.

Depuis la gare de Corniglia, rejoindre l'embouchure d'une ancienne galerie (se munir de torches car la galerie n'est pas illuminée) ; traversez-la pour arriver à la jolie plage de Gavano. D'ici, prendre le sentier qui poursuit vers l'ouest en direction de Vernazza. Arrivés à l'endroit où se produisit un gros éboulement de terrain en 1853 (le séquelles sont encore visibles aujourd'hui), rejoignez le sentier qui remonte la colline où trois grandes croix de fer évoquent le Calvaire. La vue d'ici est incomparable.

Sports - Détente - Loisirs

PLAGES

Marina de Corniglia. En parcourant un escalier en pente et très étroit qui de la petite place de Largo Taragio descend à travers des ruelles étriquées et des habitations construites à pic sur la mer, l'on rejoint ce petit port minuscule serré entre les rochers. Installez–vous sur les larges rochers plats en contrebas de la falaise. A défaut de les trouver vraiment confortables, vous profiterez d'une eau turquoise et limpide.

Plage de Guvano. Voici l'une des plus belles plages des Cinque Terre, et à la fois la plus difficile d'accès. En forme de demi-lune, encadrée par les falaises recouvertes de maquis de la côte qui courent entre Corniglia et Vernazza, sa baie est un mélange de sable et de galets. On y arrive uniquement à pied, après avoir parcouru une longue galerie piétonne qui part tout à côté de la gare ferroviaire. Pensez à emporter avec vous une torche, car la galerie est entièrement plongée dans l'obscurité. Détail non négligeable : depuis fort longtemps son côté « secret » en a fait la plage favorite des naturistes ; nul vous empêchera cependant de garder votre maillot.

Spiaggione. A l'est de la gare de Corniglia, près du sentier qui relie Manarola, cette plage aux grosses pierres blanches fut créée dans les années 1950 avec les matériaux récupérés des travaux pour l'aménagement du chemin de fer. Avec les années, l'action érosive de la mer a réduit la plage à une fine langue de galets, toujours très fréquentée en haute saison.

MANAROLA ★★★

Après la parenthèse terrestre de Corniglia, à Manarola la perspective marine est de retour. Construite dans un couloir naturel qui se termine par un promontoire rocheux, la ville fut fondée à la fin du XIIIe siècle à la suite d'une épidémie de peste, par les habitants de Volastra, hameau à l'intérieur des terres. Sa structure se développe autour de l'allée principale, de laquelle partent les étroits *caruggi.* La même allée jusqu'à il y a quelques décennies était traversée par le torrent Rio Groppo et pour passer d'une rive à l'autre, il fallait emprunter l'un des onze pontons en pierre.

Comme ses sœurs, Manarola est caractérisée par la présence des maisons-tours et des habitations de pêcheurs, dont les façades peintes aux tons pastel contrastent de manière saisissante avec la couleur anthracite de l'énorme rocher qui les soutient.

VISITE

L'origine du nom Manarola dériverait de *magna roea*, grande roue. A l'appui de cette thèse on remarque qu'au milieu du bourg il y a toujours un moulin avec une ancienne grande roue, placé en ce lieu depuis très longtemps. Une autre hypothèse conduit à rapprocher l'appellation de *manium arula*, un petit temple dédié à l'âme des morts, les *mani*, qui attesterait la présence romaine dans la zone dans l'Antiquité.

Manarola est aujourd'hui après Corniglia, le bourg le moins peuplé des Cinque Terre ; et pourtant ses 250 habitants aiment tant leur pays, qu'ils ont créé la « Fondazione Manarola Cinque Terre for the Landscape Renaissance ». Cette association a recueilli en un an presque 100 000 euros de fonds. Son objectif est de préserver et de réparer les murets en pierre sèche, autrement voués à une détérioration irrécupérable. De même, la fondation se propose de rendre à nouveau cultivables nombre de terrains abandonnés depuis des années, après l'exode rural de la population locale. Pour cela d'importantes campagnes de sensibilisation sont menées chaque année dans les écoles auprès de la jeunesse locale pour une prise de conscience commune de la valeur unique du patrimoine local.

Transports

- **Voiture.** Depuis La Spezia, nationale SP370, suivre les indications pour Manarola (14 km).
- **Train.** Gare de Manarola (10 minutes depuis La Spezia).
- **Parking**. Grand parking à l'entrée du bourg tout au sommet de l'habitat. Tarif 17 € pour 24h ; 1,50 € pour une heure.

Pratique

OFFICE DU TOURISME

Gare Ferroviaire
✆ +39 0187 760 511
www.parconazionale5terre.it
Tous les jours de 7h30 à 19h30.

Vue de Manarola.

Manarola, petite ville de la province de La Spezia.

Les eaux cristallines du golf des poètes.

Manarola.

Se loger

Bien et pas cher

OSTELLO CINQUETERRE

Via Riccobaldi, 21
✆ +39 0187 920 215
www.hostel5terre.com
info@hostel5terre.com
Dortoir 21-25 €, chambre double 55-70 €, 4 lits 92-108 €. Wifi.
Auberge de jeunesse propre et lumineuse, et très soucieuse de l'environnement. Evidement les petits-déjeuners sont bio. Un bon plan pour découvrir les Cinque Terre sans que l'argent ne devienne un problème.

Confort ou charme

CA' D'ANDREAN

Via Discovolo, 101
✆ +39 0187 920 040
www.cadandrean.com
info@cadandrean.it
Chambre double à partir de 80 €. Petit déjeuner inclus. Wifi.
Rien qu'une dizaine de chambres très soignées, pour ce petit hôtel du centre de Manarola, vers la partie haute du pays. Décoration moderne et un brin *design*, avec un joli patio où prendre le petit-déjeuner en été.

DA BARANIN

Via Rollandi, 29
✆ +39 0187 920 595
www.baranin.com
info@baranin.com
Double à partir de 90 €.
Un B&B de charme bien entretenu dont les chambres confortables et lumineuses se partagent entre les deux bâtisses de l'ancien logement rural au cœur de Manorala. Certaines ont même une petite cuisine. Le petit déjeuner est servi sur une ravissante petite terrasse fleurie. Il existe également pour toutes les chambres une formule B&B.

MARINA PICCOLA

via Birolli, 120
✆ +39 0187 92 07 70
www.hotelmarinapiccola.com
info@hotelmarinapiccola.com
Chambre double à partir de 145 €. Petit déjeuner inclus. Wifi.
Dernier arrivé dans le panorama de l'offre d'hébergement des Cinque Terre, l'hôtel Marina Piccola a déjà la cote. Deux habitations populaires dans le centre de Manarola, le long de la rue qui descend à la mer, se partagent douze chambres aux tons sobres et aux lignes *design*. Le décor minimaliste fait ressortir les matériaux. Une adresse *cool* et confortable.

Luxe

LA TORRETTA

Piazza della Chiesa – Vico Volto, 20
✆ +39 0187 92 03 27
www.torrettas.com
torretta@cdh.it
Chambre double à partir de 230 €. Petit déjeuner inclus. Wifi.
Des prestations haut de gamme pour ce petit relais de charme aménagé dans plusieurs maisonnettes enchevêtrées les unes au-dessus des autres et luxueusement réaménagées. Une dizaine de chambres, romantiques à souhait, avec un point de vue imprenable sur les collines de Manarola et son paysage de crèche. Possibilité d'organiser apéritifs, dégustations et balades en bateau.

Se restaurer

DA ARISTIDE

Via Discovolo, 290
✆ +39 0187 92 0000
Addition 25-45 €. Tous les jours en saison. Réservation conseillée.
Une de ces bonnes adresses qui depuis des décennies n'ont jamais fait de mécontents. Au rez-de-chaussée un bar accueillant, mais c'est à l'étage que ça se passe. Exquise et abondante, la cuisine exalte toutes les saveurs des Cinque Terre : anchois marinés, poissons grillés et relevés avec le petit blanc local, pâtes au pesto et autres parfums. Le chef ? Une adorable petite dame qui sait manier les produits de chez elle. Terrasse estivale.

MARINA PICCOLA

Via Lo Scalo, 16
✆ +39 0187 92 09 23
www.hotelmarinapiccola.com/ristorante
Addition 25-50 €. Fermé le mardi.
En position panoramique sur la jetée de Manarola, une adresse qui a fait ses preuves avec une belle carte aux saveurs aussi bien de la mer que des champs. Parmi les spécialités, les *taglierini* à l'encre de seiche avec crevettes roses et poivrons, et la soupe de poisson.

TRATTORIA DAL BILLY

Via Rollandi, 122
✆ +39 0187 92 06 28
www.trattoriabilly.com
Addition 25-45 €.
Perchée sur les hauteurs de Manarola, avec une vue admirable sur le bourg et sur la mer, cette adresse mérite bien la rude montée nécessaire pour l'atteindre. Les grillades de poissons sont parfaites, *l'antipasto* de la mer inoubliable, les pâtes rigoureusement faites maison et les desserts, des sortes d'œuvres d'art. Enfin, on reste toujours amusé de voir les serveurs chargés d'assiettes « sauter » avec agilité les marches qui relient les cuisines à la salle.

Sortir

LA CANTINA DELLO ZIO BRAMANTE

Via R. Birolli, 110
✆ +39 0187 76 20 61
L'un des premiers bars à vin des *Terre* ouvert dans les années 1960. Encore aujourd'hui une excellente adresse pour boire un verre à toute heure de la journée et pour grignoter une tartine aux anchois. Bonne ambiance avec concerts de jazz les week-ends en haute saison.

À voir - À faire

Du château qui autrefois dominait Manarola, ne reste aujourd'hui qu'un bastion circulaire (XVe siècle) s'élevant à pic sur la mer, entouré par des constructions plus récentes. En revanche, la toponymie des rues, comme Via Baluardo et Piazza Castello, évoque le caractère défensif du village autrefois.
Depuis la gare ferroviaire, un tunnel mène au centre du bourg ; il débouche quasiment au niveau d'une petite place surélevée, dédiée à Dario Capellini, partisan anti-fasciste, devenu administrateur de la province après la Seconde Guerre mondiale. Une belle mosaïque décore le sol de la *piazzetta*, ne vous étonnez pas de sentir vibrer le sol sous vous pieds, car le train passe juste en dessous !

Dans les rues de Manarola.

© LITTLEAOM – SHUTTERSTOCK.COM

Chiesa di San Lorenzo.

Une crèche dans un paysage de crèche

Depuis 1963 Manarola accueille une représentation grandiose de la Nativité : du 8 décembre à la Chandeleur, la colline qui ferme le bourg à l'ouest se peuple de 300 figurines illuminées par des milliers d'ampoules allumées le jour de la fête de l'Immaculée Conception. Mario Andreoli, ancien cheminot, est l'auteur de ce tableau naturel lumineux ; chaque année, ce sympathique monsieur enrichit sa création de nouvelles figures. Tous les personnages et éléments qui peuplent la crèche – Sainte Famille, bergers, anges, animaux, maisonnettes – sont réalisés avec du matériel de récupération. En presque cinquante ans, l'artiste a entièrement animé la colline. En 2007, sa crèche est entrée au *Guinness des Records*. En effet, plus de 15 000 ampoules et plus de 7 000 m de câbles sur 42 lignes de charge ont servi à sa réalisation. La crèche s'étend sur plus de 4 000 m² de terrains cultivés en terrasses étagées. Admirer ce tableau unique est un moment magique, en particulier vers 17h30 au moment où les lumières s'allument, alors que le soleil est encore en train de se coucher.

CHIESA DI SAN LORENZO ★★

Dédiée au saint patron de Manorola, San Lorenzo domine l'ensemble du bourg. Réalisée en 1338, en grès local, il s'agit d'un très bel exemple de style gothique ligure. La façade est décorée par une magnifique rosace ajourée en marbre de Cararra, ainsi que par un beau portail en ogive. Les ressemblances avec la façade de l'église San Pietro de Corniglia mènent à croire que les deux édifices seraient l'œuvre du même architecte. L'intérieur baroque à trois nefs recouvert de voûtes en plein cintre, conserve deux triptyque du XIVe siècle attribués au dénommé Maître des Cinque Terre. Derrière le maître autel, le premier retable montre une Vierge à l'Enfant entourée de saint Laurent et sainte Catherine d'Alexandrie ; le deuxième triptyque se trouve dans la nef de gauche, il représente saint Laurent entouré par saint Bernardin et saint Antoine, saint Dominique et saint Jean-Baptiste. Un clocher quadrangulaire érigé en tant que tour de guet et un oratoire se trouve sur la place de l'église. L'oratoire des *Disciplinati* (XVe siècle), autrefois hôpital, est aujourd'hui un centre d'exposition.

SANCTUAIRE DE NOSTRA SIGNORA DELLA SALUTE ★

Loc. Volastra

Situé dans la partie haute de l'habitat de Volastra, ce petit sanctuaire conserve son harmonieuse structure d'origine de style roman remontant au XIIe siècle. L'intérieur à nef unique, plusieurs fois remanié, est recouvert d'une voûte en berceau. Depuis Manarola, un sentier en pente, mais pittoresque, conduit jusqu'à Volastra, en passant à travers les champs cultivés en terrasses à étagement. Pour les moins sportifs, la départementale SP51 relie les deux bourgs sur une distance totale de 2,5 km.

Balade

Le territoire des Cinque Terre est traversé par de nombreux sentiers, qui permettent aux passionnés de randonnée de passer une agréable journée dans la nature, sur des chemins à pic sur la mer, en profitant de panoramas à couper le souffle. On vient ou on passe à Manarola pour son unique sentier : la voie de l'amour.

VIA DELL'AMORE ★★

Sur cette portion, 900 mètres. Difficulté : aucune. Durée : 15 minutes. Sentier bleu. Attention, La principale partie du sentier est fermée et ne sera ouverte qu'en avril 2017.

Ce célèbre sentier entièrement creusé dans la roche relie Manarola à Riomaggiore en surplombant la mer (2 km). Il date des annés 1920-1930, à l'époque des travaux pour le renforcement du chemin de fer, quand les ouvriers tracèrent de nouveaux sentiers loin des bourgs pour y installer des dépôts de poudre explosive. Trois d'entre eux d'ailleurs y trouvèrent la mort. Avant sa construction, Manarola et Riomaggiore n'étaient reliés que par un sentier rude et escarpé passant à travers les vignes.

Baptisé *Strada Nuova* (Rue Nouvelle), il tire son nom d'une inscription sur une pierre problablement laissée par un jeune amoureux. Pendant la Deuxième Guerre mondiale, les jeunes des deux pays se retrouvaient ici pour leurs rendez-vous galants. Aujourd'hui encore le parcourir en compagnie de votre moitié est le meilleur moyen de profiter pleinement des superbes points de vue et de l'atmosphère sauvage de ces « Terres ». Tout au long du chemn ne vous étonnez pas de trouver des centaines de cadenas accrochés aux balustrades qui longent la promenade : ce sont les signes de deux âmes sœurs qui se sont juré ici l'amour éternel. Peut-être serez-vous les prochains ?

Avertissement. En raison des éboulements et des glissements de terrain, l'accès au sentier est souvent interdit. Renseignez-vous au préalable auprès des offices du tourisme.

Shopping

CALANDRA ARTE

Via Discovolo, 295
✆ +39 0187 92 08 71
www.calandraarte.it

La première et la plus importante galerie d'art contemporain des Cinque Terre. Sont ici exposées des œuvres de peinture (huiles sur toile, lithographies, aquarelles) et de sculpture d'une grande expressivité, réalisées par des artistes locaux. À voir.

CINQUE TERRE TREKKING

Via Discovolo, 136
✆ +39 0187 920 715
www.cinqueterretrekking.com

Ouvert tous les jours de 10h à 18h (de 10h à 13h puis de 14h à 17h pendant l'hiver).

Très bien fournie, cette boutique est l'une des rares aux Cinque Terres à proposer tout l'équipement nécessaire pour la randonnée. Les gérants, l'italien Nicola et l'américaine Christine, sont également de très bons conseillers pour révéler les plus beaux parcours du territoire.

COOP

Via Discovolo, 224
✆ + 39 0187 92 09 79

Fermé dimanche.

Mefiez-vous des apparences, la petite superette de Manarola vend de la *focaccia* excellente, ainsi qu'excellents produits régionaux. N'hésitez pas à demander au rayon charcuterie de vous couper quelques tranches de jambon pour farcir votre sandwich.

RIOMAGGIORE ★★★

Fondé par les communautés des petites localités de l'arrière-pays vers la deuxième moitié du XIIIe siècle, Riomaggiore est le village le plus à l'est des Cinque Terre.

Le long des coteaux de l'étroite vallée du torrent *Major*, dont le village tire son nom, les maisons de Riomaggiore semblent s'épauler les unes les autres, comme pour éviter de tomber. Sur trois étages, aux façades peintes de couleurs vives, les maisonnettes imbriquées les unes dans les autres sont reliées entre elles par d'étroits petits escaliers ; généralement elles conservent encore deux entrées – celle de l'arrière était employée autrefois pour échapper aux ennemis en cas d'attaque. Des venelles qui montent et qui descendent, où il est facile de perdre son sens de l'orientation, débouchent à l'improviste sur de petits potagers en fleurs où mûrissent des citronniers. Le meilleur coup d'œil reste cependant celui que l'on a en arrivant par la mer.

Une belle église paroissiale et l'ancienne forteresse aujourd'hui centre culturel, méritent que l'on s'y attarde. Plus en hauteur le Sanctuaire de la Madone de Montenero, en situation panoramique, est facilement joignable par de confortables sentiers de randonnée.

La commune de Riomaggiore compte deux importants hameaux sur son territoire. Groppo, situé au-dessus de Manarola, est le siège de la cave communale gérée par la coopérative agricole des Cinque Terre (Cantina Sociale) ; Volastra, est un joli hameau qui a conservé son urbanisme médiéval, dont les principales ressources sont aujourd'hui la production d'huile et de vins blancs AOC. Avant la récente construction d'une route carrossable, Volastra n'était reliée aux autres bourgs que par un étroit sentier.

Dans les rues de Riomaggiore.

Transports

▶ **Voiture.** Depuis La Spezia, prendre la SP370 et suivre les indications pour Riomaggiore.

▶ **Train.** Gare de Riomaggiore (8 minutes depuis La Spezia).

▶ **Parking.** Petit parking disponibile tout en haut de l'habitat. Attention, les derniers 200 m sont réservés aux habitants. Il est autorisé de se garer en bordure de route avant d'arriver dans le bourg.

Pratique

OFFICE DU TOURISME

Gare Ferroviaire
Piazza Rio Finale, 26
✆ +39 0187 920 633 /
+39 0187 762 187
www.parconazionale5terre.it
Tous les jours de 8h à 20h.

Se loger

DUE GEMELLI

Via Litoranea, 1
✆ +39 0187 92 06 78
www.duegemelli.it
duegemelli@tin.it
Double 90 €, demi pension à partir de 65 €/personne. Petit déjeuner inclus. Wifi. Parking.
Ne vous fiez pas à l'apparence un peu austère de la façade et de la réception dès votre arrivée. On profite d'ici de l'une des plus belles vues sur la mer de toutes les Cinque Terre. Les chambres et le petit-déjeuner vont à l'essentiel mais restent corrects, tout comme les prix. Personnel charmant et accueillant. Attention, l'hôtel se trouve 5 km au sud du centre de Riomaggiore, le long de la route qui longe la côte. Parking gratuit.

LUNA DI MARZO

Via Montello, 387
Loc. Volastra
✆ +39 0187 920 530
www.albergolunadimarzo.com
info@albergolunadimarzo.com
Depuis Manarola, suivre les indications pour Volastra. Le service de bus du parc y monte en 15 minutes.
Double 115-135 €. Petit déjeuner inclus. Wifi. Parking.
La Luna di Marzo est l'endroit idéal pour échapper à la foule en pleine saison quand les Cinque Terre sont prises d'assaut. Avec une vue magnifique sur la mer, perdu entre les oliviers, ce petit hôtel sur la colline derrière Manarola propose des chambres confortables et modernes. Le petit déjeuner sur la terrasse qui domine la baie sera un des meilleurs moments de votre séjour.

Se restaurer

DAU CILA

Via San Giacomo, 65
✆ +39 0187 76 00 32
www.ristorantedaucila.com
Addition 35 €. Fermé en janvier et février.
Restaurant et à la fois bar à vin tout droit sur le petit port de Riomaggiore. Après une expérience réussie à Londres, deux chefs retournés au pays proposent une cuisine imprégnée des saveurs locales, mais délicatement revisitée par une touche internationale. Difficile de résister à *l'antipasto* mixte et la friture de poisson et légumes (f*ritto misto di paranza*).

RIPA DEL SOLE

Via De Gasperi, 282
✆ +39 0187 920 143
www.ripadelsole.it – info@ripadelsole.it
Ouvert tous les jours en été. Addition 30-60 €.
Une des adresses « gourmet » de Riomaggiore, dont la terrasse bénéficie d'une vue incomparable sur la mer. Au menu, les spéciliatés régionales avec les immanquables anchois, les pâtes au pesto et du poisson grillé.

VECIU MUIN

Via C. Colombo, 83
✆ +39 0187 92 04 87
Addition 15-35 €. Fermé mercredi.
Petit bistrot sympathique et accueillant avec jolie terrasse, proposant quelques spécialités de poisson et des pâtes bien asaissonnées, mais surtout d'excellentes *pizze*. A tester : la pizza au pesto.

Sortir

BAR CENTRALE

Via Cristoforo Colombo, 144
✆ +39 0187 76 00 75
Le lieu de rendez-vous incontournable au centre de Riomaggiore pour un apéritf, un *gelato* ou une pause déjeuner rapide et savoureuse. Parfait à toutes les heures, du petit-déjeuner à l'apéritif, mais souvent pris d'assaut après dîner par les jeunes vacanciers en haute saison.

A PIÉ DE MA'

Via dell'Amore, 55
✆ +39 0187 921 037
www.apiedema.com
Un emplacement d'exception pour ce café en position panoramique à pic sur la mer, à l'embouchure du sentier de la Via dell'Amore, non loin de la gare. À l'heure de l'apéritif, cocktails, petits verres de blanc et buffet happy hour bien garni en font un lieu très couru lors des soirs d'été.

À voir - À faire

Depuis la gare ferroviaire, un long tunnel (157 m) conduit jusqu'au cœur du village. Celui-ci est décoré d'une curieuse mosaïque de Silvio Benedetto, titrée *La Séquence de la Mémoire*. Composée de différents – matériaux, pierres, marbres, céramiques, coquillages et bouts de verre – l'ensemble représente la côte des Cinque Terre, avec le soleil levant, la mer calme, les mouettes et la brise sur les vagues. Le même artiste est l'auteur des fresques murales qui décorent la gare, l'hôtel de ville et l'école primaire ; un hommage rendu au dur labeur des habitants du pays qui modelèrent le paysage à la sueur de leur front.

CHÂTEAU ★

Construit en 1260 par les marquis Turcotti, seigneurs locaux, afin de contrer les récurrentes incursions sarrasines, le petit château fortifié domine le bourg de Riomaggiore. Agrandi par les Génois au XVe et XVIe siècle, la cour intérieure servit de cimetière du XIXe siècle jusqu'à la fin des années 1940.
De la construction d'origine, ne subsistent aujourd'hui que les courtines et deux tours rondes imposantes (sur l'une d'elle une horloge a été posée). Après d'importants travaux de restauration, l'ensemble est aujourd'hui destiné à accueillir diverses manifestations et expositions. On l'atteint facilement depuis la place de l'église San Giovanni Battista ainsi que de la gare, après avoir monté les quelques marches d'un petit escalier en pierre.

Face au château s'élève le petit oratoire des Saints Rocco et Sébastien, érigé au XVe siècle à la suite d'une épidemie de peste, pour remercier les saints du danger évité.

ORATORIO DI SANTA MARIA ASSUNTA ★

L'oratoire du XVIe siècle conserve la statue en bois de la *Vierge des Chaînes*, qui évoque l'époque où lors des incursions des pirates les prisonniers étaient capturés et enchaînés.

SANCTUAIRE DE NOSTRA SIGNORA DI MONTENERO ★★

✆ + 39 0187 76 05 28

Visible sur la colline qui domine le village, le Sancturaire de Montenero est l'un des sites les plus évocateurs du Parc National des Cinque Terre. Différents chemins peuvent y conduire. Par exemple le sentier n°3 qui de Riomaggiore conduit au Colle del Telegrafo, ainsi que le parcours illuminé qui monte depuis la départementale SP370. Un autre moyen pour y arriver, et certainement le plus original, consiste à se faire transporter sur une petite crémaillère monorail, habituellement utilisée par les agriculteurs pour transporter leur matériel de travail. Elle est mise en fonction pour le transport des touristes uniquement à l'occasion de la procession du Corpus Domini et le jour de la Pentecôte (attention pour ceux qui souffrent de vertige : La crémaillère penche parfois presque à 90° !).

Fondé au VIIIe siècle mais documenté pour la première fois en 1335, le Sanctuaire présente aujourd'hui une architecture remaniée aux XVIIIe et XIXe siècles. Les décors intérieurs datent également de cette époque. En saison une agréable buvette permet ici de se restaurer tout en contemplant un magnifique panorama.

SAN GIOVANNI BATTISTA ★

Via Pecunia

Située dans la partie haute du bourg, l'église est le centre névralgique autour duquel s'est structuré la vie de Riomaggiore pendant plusieurs siècles. La première construction remonte à 1340, mais l'ensemble a été entièrement reconstruit en style néogothique en 1870 (à l'exception de la rosace d'époque) après l'effondrement de la structure d'origine. L'intérieur à trois nefs, présente d'élégants arcs en ogive et deux beaux portails gotiques sur le bas-côté droit. Parmi les œuvres intéressantes on citera un bas-relief représentant Saint Martin daté 1530 et le Sermon de Saint Jean Baptiste par Domenico Fiasella (1589-1669).

Balades

Le territoire des Cinque Terre est traversé par de nombreux sentiers, qui permettent aux passionnés de randonnée de passer une agréable journée dans la nature, sur des chemins à pic sur la mer, en profitant de panoramas à couper le souffle. Au départ de Riomaggiore, deux sentiers principaux.

RANDONNÉE DU COL DU TÉLÉGRAPHE

Difficulté basse. 3,2 kilomètres. Comptez 2h15. Sentier bleu.

Randonnée fort agréable qui permet de rejoindre le sanctuaire de Montenero et de poursuivre vers les collines environnantes. Au départ de Levaccio, localité au nord de l'habitat de Riomaggiore, le sentier n°3 serpente (en montée) entre un dédale d'anciennes muletières, de ruelles abandonnées et d'escaliers étroits tout en croisant sur son chemin des petits ponts en pierre, quelques

Riomaggiore.

édicules votifs pittoresques et les immanquables vignobles et murets en pierre. Après avoir dépassé la petite fontaine de Giandran, vous arriverez sur le parvis du sanctuaire de Notre-Dame-de-Montenero. Continuant vers l'est, laissez derrière vous le hameau de Lemmen et continuez sur le sentier désormais en plaine du Col du Télégraphe à 513 m d'altitude. Vous trouverez ici une petite buvette ouverte en haute saison.

LA VOIE DES SANCTUAIRES

Difficulté moyenne. 4 kilomètres. Durée : 2h30. Sentier bleu.

Au départ de la place centrale de Vernazza, prenez vers l'ouest le sentier qui en longeant la côte rejoint Monterosso. Après être passé sous un arc, une ruelle longeant la côte s'engage vers la plus grande des Cinque Terre. Dans la première partie du sentier vous pourrez admirer la Punta Linà et un peu plus loin le rocher du Moine (*scoglio del Frate*), ainsi dénommé d'après son étrange silhouette. Vous croiserez ensuite la petite crique de l'Acqua-pendente où coule le torrent du même nom. Le dernier trait du parcours grimpe le long d'escaliers assez en pente menant à Punta Corone et de là, à Monterosso.

Sports - Détente - Loisirs

CINQUE TERRE DAL MARE

Via San Giacomo
Marina di Riomaggiore
✆ +39 347 01 62 530 /
+39 366 50 99 010
www.cinqueterredalmare.com
cinqueterredalmare@gmail.com

Barque 3 à 4 personnes : 25 € l'heure ; 65 € la demi-journée ; bateau avec conducteur (8 personnes maximum) : 80 € l'heure, apéritif à bord : 15 € par personne.

Location de petites embarcations pour naviguer au large des côtes des Cinque Terre pour atteindre les criques les plus sauvages. Aucun permis bateau requis, possibilité de demander un accompagnateur pour conduire le bateau. Sur demande, apéritif organisé lors de la navigation.

■ **DIVING 5 TERRE**
Via San Giacomo
✆ +39 0187 92 00 11 /
+39 339 83 42 798
www.5terrediving.it
Le seul centre de plongée dans le périmètre de la Réserve Marine Protégée des Cinque Terre. Cours et baptême de plongée tout niveau, location de matériel y compris de canoës et kayaks. Excursions organisées à la découverte de la réserve marine et pour les non plongeurs, masques et tubas à disposition pour découvrir le monde sous-marin en *snorkeling*.

■ **PLAGES**

▸ **Plage de Riomaggiore**. Située à l'extrémité orientale du bourg, à proximité de la gare et du quai d'embarquement des bateaux touristiques, il s'agit du meilleur spot pour piquer une tête sans trop s'éloigner du bourg. Assez vaste, elle est équipée de douches.

▸ **Plage du Canneto**. L'une des plus belles de la région, la plage se trouve au sud-est du bourg en direction de Portovenere, entre Punta Castagna et Punta del Cavo. Ses eaux extrêmement limpides attirent de nombreux baigneurs. Curiosité : un torrent jaillit ici de la roche pour jeter ses eaux en mer, formant ainsi une sorte de petite cascade naturelle. Touristes et habitués ne perdent donc pas l'occasion de profiter de cette douche naturelle. Attention ! La plage n'est accessible que par un sentier assez étroit qui longe la côte depuis le centre de Riomaggiore. De fréquents éboulements rendent souvent le chemin impraticable.

© MARION CHEVALIER

Les cadenas du Via dell amore.

Shopping

■ **CANTINA CINQUE TERRE**
Loc. Groppo
✆ +39 0187 920 435
www.cantinacinqueterre.com
info5t@cantinacinqueterre.com
Ouvert du lundi au samedi de 7h à 19h. Samedi 8 décembre, dimanche 9, 16 et 23 décembre de 9h à 12h30 et de 14h30 à 19h.
La coopérative reçoit les raisins d'une vingtaine de producteurs de la région. C'est ici que sont produits le vin blanc Cinque Terre DOC ainsi que le *sciacchetrà*, l'exquise liqueur locale.

■ **TERRE DI BARGON**
Via Gramsci, 11
✆ +39 333 44 80 652 /
+39 335 69 97 268
http://terradibargon.com
Visite et dégustation uniquement sur réservation.
LE producteur de *sciacchetrà* le plus réputé de la région, vous révèlera tous les secrets de fabrication de la précieuse liqueur. Sa cave, dans le centre de Riomaggiore, mérite une visite.

Riomaggiore.

La côte de Levanto.

ENVIRONS DES CINQUE TERRE

La beauté des Cinque Terre ne s'arrête pas à la frontière des cinq villages la composant (Monterosso, Vernazza, Corniglia, Manarola, Riomaggiore) mais se prolonge de la région de Levanto au Golfo dei Poeti entre criques sauvages, bourg médiéval et paysages de carte postale.

LEVANTO ET SA RÉGION

On pourrait définir le littoral qui va de Deiva Marina à Levanto comme l'antichambre des Cinque Terre.

En effet, là où terminent les plages de sable de Chiavari et de Sestri Levante à l'ouest, commence une succession de criques rocheuses, de baies et de collines qui s'avancent jusqu'à la mer avec des points de vue à couper le souffle. Vous vous apercevrez rapidement du changement de relief, les routes se font petit à petit de plus en plus étroites et sinueuses et le chemin de fer se rapproche davantage de la côte.

LEVANTO ★

A l'abri du tourisme de masse, Levanto a su conserver une allure de bourg médiéval quasi intacte, sans être excessivement entamée par le triste bétonnage des résidences secondaires dont souffre une grande partie des deux Riviera.

La ville sut plaire à des personnalités comme Mussolini, qui y séjourna souvent avec sa famille, et Giovanni Agnelli, le fondateur de la Fiat, qui s'y fit construire une villa au début du XXe siècle.

Transports

Comment y accéder et en partir

- **Voiture.** Autoroute A12, sortie Carrodano-Levanto et continuer sur la SP65 (80 km de Gênes).
- **Train.** Ligne Gênes-La Spezia (1 heure 30 de trajet).
- **Bus.** Liaisons avec Levanto, lignes n°47 et 49 (www.atpesercizio.it) et avec La Spezia (www.atcesercizio.it).
- **Bateau.** Levanto est relié à Portofino, aux Cinque Terre et à Portovenere par la société de transports maritimes Navigazione Golfo dei Poeti (© +39 0187 73 29 87 – www.navigazionegolfodeipoeti.it).

Se déplacer

- **Parking**. Difficile de se garer à Levanto (comme d'ailleurs dans la plupart des localités du Levant ligure, surtout en haute saison)... En arrivant Piazza Mazzini par le Corso Roma, vous trouverez sur la droite et sur la gauche de la place des emplacements de parking payants, délimités par des rayures bleues au sol. Le stationnement du côté droit n'est autorisé que pour 30 minutes.

La plage de Levanto.

Pratique

OFFICE DU TOURISME

Piazza Cavour
✆ +39 0187 808 125
www.visitlevanto.it
iat.levanto@libero.it
Du lundi au samedi de 9h à 13h et de 15h à 18h, dimanche et fériés de 9h à 13h.

Se loger

L'ANTICO BORGO

Loc.Dosso
✆ +39 187 802 681 /
+39 349 757 6085
www.anticoborgo.net
antico_borgo@hotmail.com
Chambre double 85-140 €, chambre triple 120-180 €. Petit déjeuner inclus. Wifi.

A 5 km de Levanto, sur la colline, entouré d'oliviers, un B&B calme et reposant, loin de l'agitation de la côte. La décoration est simple mais soignée, et les chambres confortables. Coup de cœur : la vue sur le golfe de Levanto et le petit salon qui a conservé les traditionnels murs en pierre.

A DURMI'

Via Viviani, 12
✆ +39 320 21 75 835 /
+39 0187 800 823
www.adurmi.it
info@adurmi.it
Chambre double 60-110 €, deux pièces 90-160 €. Petit déjeuner 8 €/personne, parking couvert 5 €/jour.

Une position enviable pour ce B&B à 5 minutes de la gare de Levanto et à quelques pas de la plage. La jolie maison typiquement ligure offre quelques chambres doubles et des petits appartements avec kitchenette équipée. Tous donnent sur la patio intérieur fleuri. Une solution idéale au bon rapport qualité/prix pour visiter Levanto et les Cinque Terre.

OSTELLO OSPITALIA DEL MARE

Via San Nicolo
✆ +39 0187 802 562
www.ospitaliadelmare.it
Par personne en chambre de 4-6-9 lits : de 21 à 29,50 € selon la saison. Chambre double : de 28,50 à 32 € par personne. Petit déjeuner inclus. Wifi.

Levanto.

Hôtel particulier sur les hauteurs de Levanto.

Dans l'ancien couvent des Augustins, à 100 m de la plage, une auberge de jeunesse « de charme ». Les chambres (deux pour les personnes à mobilité réduite) propres et lumineuses disposent toutes de salle de bains privée. Linge, nettoyage, eau chaude et petit déjeuner inclus dans le prix.

VILLA CLELIA

Piazza G. da Passano
✆ +39 0187 80 81 95 /
+39 328 79 76 403
Chambre double 85-120 €. Petit déjeuner inclus. Wifi.
Charmant petit B&B dans le centre de Levanto. Trois chambres coquettes gaies et colorées, toutes équipées de salle de bain privative, télévision, climatisation, mini-bar et sèche-cheveux. Accueil sympathique des propriétaires qui préparent un copieux petit-déjeuner rarement dépourvu de pain et croissants frais à peine sortis de la boulangerie.

Se restaurer

L'OASI

Piazza Cavour
✆ +39 0187 800 856
www.oasihotel.eu
Addition 30-50 €. Fermé le mercredi, sauf en juillet et août. Pour un repas à base de poisson frais, L'Oasi fera bien votre affaire. Quelques avant-goûts du menu : *antipasto* de gambas crus, risotto aux fruits de mer et poisson au gros sel.

PANIFICIO RASO

Via Dante, 25/29
✆ +39 0187 80 85 79
Depuis 1954 dans la rue principale de Levanto depuis plusieurs générations ce boulanger a bâti sa réputation sur l'excellente qualité de son pain et surtout sur sa *focaccia* bien onctueuse et craquante. A ne pas manquer, pour un déjeuner sur le pouce à emporter sur la plage par exemple.

TUMELIN

Via Grillo, 32
✆ +39 0187 80 83 79
www.tumelin.it
Addition 30-50 €. Fermé le jeudi sauf en juillet et août.
Au cœur du vieux Levanto, dans le soubassement de l'ancienne Casa Restani, l'osteria Tumelin a pris ses quartiers. Il s'agit ni plus ni moins de l'adresse de référence pour ceux qui souhaitent déguster une savoureuse cuisine traditionnelle. Réalisé selon les règles de l'art, le menu affiche risotto aux fruits de mer, penne aux crevettes roses, bars, dorades grillés sur lit de pommes de terre et olives et pour terminer l'incontournable tarte au citron.

Sortir

BAROLINO

Corso Italia, 29
✆ +39 0187 80 81 78
Au cœur de Levanto, à quelques pas de la plage, ce bar est le lieu de rendez-vous de la jeunesse locale à l'heure de l'apéro ou pour boire un verre après le dîner. Sa spécialité ? Le cocktail dénommé *barolo chinato*, un mélange de vin rouge et de *chinotto*, un apéritif assez amer. A tester !

À voir – À faire

CASA RESTANI

Via D. Grillo, 32
Habitation mercantile du XIVe siècle, où sont identifiables les magasins à marchandises au rez-de-chaussée et les appartements à l'étage noble.

ÉGLISE SANTA MARIA DELLA COSTA

Un escalier en pente conduit de Piazza del Popolo en centre-ville à ce qui reste de l'église Santa Maria della Costa. En façade un beau bas-relief en marbre de Carrare aux armes des Da Passano, seigneurs de Levanto, représente un *Saint Georges tuant le dragon* finement sculpté.

ÉGLISE SANT'ANDREA

Via Toso

Heureuse expression du gothique ligure, l'église datée de 1126 fut agrandie au XVe siècle. Sa façade à rayures de marbre blanc et de serpentins verts est animée par une rosace du XVIIIe siècle et une lunette représentant le *Couronnement de la Vierge*.

A l'intérieur, un *Crucifix noir* du XIVe siècle est très cher à la dévotion populaire depuis qu'il fut retrouvé échoué sur la plage.

LOGGIA COMUNALE

Piazza del Popolo

Un des rares exemplaires d'édifice à vocation commerciale encore en bon état en Ligurie. Cette Loggia Comunale est reconnaissable à ses cinq arcs en plein cintre, elle remonte au XIIIe siècle.

MOSTRA PERMANENTE DELLA CULTURA MATERIALE

Via San Nicolò, 1

✆ +39 0187 81 77 76

Ouvert uniquement de mi-juin à fin juillet le vendredi et le samedi de 21h30 à 23h30, à partir de mi-juillet également le dimanche soir. Entrée libre.

Aménagée dans l'ancien couvent des Augustins, une exposition de plus de 300 objets (dont certains vraiment curieux) documente le déroulement de la vie paysanne des habitants de la région. Annexe, une petite bibliothèque d'histoire locale.

VIA GUANI

La plus belle rue de Levanto, autrefois Via delle Botteghe e dei Fiori (rue des échoppes et des fleurs), était une des principales artères mercantiles de la ville.

Ce n'est qu'à partir du XVIe siècle que plusieurs habitations patriciennes s'implantèrent à l'emplacement des magasins de stockage. Vous en remarquerez deux exemples au n° 27 et au n° 37 (Palazzo delle Sirene).

Sports - Détente - Loisirs

Levanto et sa côte sont l'un des rares endroits en Ligurie où les marées sont assez puissantes pour permettre aux surfeurs de s'en donner à cœur joie sur les vagues, allant jusqu'à faire des compétitions !

▶ **Pour des renseignements précis** sur les meilleurs spots : www.levantosurfing.com.

BROTHERS SURF HOUSE

Via Jacopo, 15 b

✆ +39 0187 807561 / +39 335 69 12 199

Ouvert du mardi au dimanche de 10h à 19h, tous les jours à partir du 15 juin.

Deux jeunes surfeurs, dynamiques et sympathiques, tiennent une boutique et une école de surf au cœur de Levanto. Dans la boutique tout ce qu'il y a de mieux sur le marché (Billabong, Carrhartt, Roxy, Reef...). Pour l'école de surf, Luca vous propose des forfaits de 5 heures ou 9 heures ou bien des cours privés à la carte.

LISCA DI PESCE DIVING CENTER
Porto Turistico di Levanto
– Passeggiata a Mare
✆ +39 348 738 7859
www.liscadipesce.it
liscadipesce@yahoo.it
Centre de plongée très professionnel sur le port de Levanto, pour découvrir les meilleurs *spots* sous–marins du l'Aire Marine Protégée des Cinque Terre. Location de matériel.

Shopping

COOPERATIVA AGRICOLTORI LEVANTO
Via San Matteo, 20
Loc. Le Ghiare
✆ +39 0187 800 867
www.coopagricoltorilevanto.it
coop.levanto@libero.it
Dégustations sur rdv. Tarif 8 - 11 - 16 € selon typologie.
Une coopérative agricole aux portes de Levanto qui travaille encore à l'ancienne. Tous les agriculteurs du coin y apportent les produits de leur terre pour qu'ils soient transformés en vin, huile extra-vierge, pesto, confitures et autres conserves vraiment savoureuses. Qualités et saveurs ligures sont ici garanties.

LA NICCHIA
Corso Italia, 2/B
✆ +39 0187 80 26 38
www.levanto.com/luigina
Intrigante boutique tout en vert, où acheter et déguster l'or vert de la région, un excellent pesto, ainsi que les meilleures spécialités gastronomiques régionales telles que miel, confitures, ainsi qu'une sélection de bouteilles des meilleurs producteurs locaux.

BONASSOLA

Commune de petite dimension mais localité de villégiature presque exclusive très appréciée par les artistes, Bonassola et sa plage attirent un grand nombre de vacanciers chaque été. Dans le bourg, aux habitations populaires du XVIIIe siècle s'ajoutent harmonieusement des logements plus modernes, tandis que sur la colline d'élégantes villas, entourées par le maquis méditerranéen, complètent le paysage.
Comme la plupart des villages ligures, Bonassola vécut dans la crainte des incursions des pirates, à tel point que ses habitants furent les premiers à instaurer une sorte de système d'assurance.
En 1659, Bonassola possédait un fonds pour la rançon des villageois tombés entre les mains des envahisseurs.

Transports

- **Voiture.** Autoroute A12, sortie Deiva Marina. Poursuivre sur la SP65, SP40 et SP42 (80 km de Gênes).
- **Train.** Ligne Gênes-La Spezia (30 minutes depuis La Spezia).
- **Bus.** Liaisons avec les localités limitrophes (www.atpesercizio.it).

Pratique

OFFICE DU TOURISME
Via Fratelli Rezzano
✆ +39 0187 813 500
www.prolocobonassola.it
info@prolocobonassola.it
Ouverture saisonnière le week-end de 9h30 à 12h30 et de 15h30 à 17h30. En été ouvert tous les jours.

Se loger

CÀ DU FERRÀ FARM & RELAX

Via Gavazzo, 46
✆ +39 0187 81 40 83 /
+39 328 70 60 771
www.agriturismo-caduferra.it
info@agriturismo-caduferra.it
Chambre double 55-105 €, chambre triple 75-135 €. Wifi. Petit déjeuner 7€/ personne.

Discret et coquet, ce petit *agriturismo* quasiment en bord de mer accueille ses hôtes dans le plus pur style ligure. Les propriétaires ont restauré deux maisonnettes entourées par les oliviers et les citronniers, pour en faire quatre délicieuses petites chambres. On se prélasse sur les transats dans le jardin, avant de rejoindre au choix la mer ou le centre de Bonassola. Barbecue et kitchenette à disposition.

Se restaurer

PERBALLE

Piazza San Francesco, 5
✆ +39 0187 813 399
www.perballe.it
Addition 25-40 €. Fermé le mardi et en basse saison.

Une bonne adresse pour goûter aux spécialités régionales. Honneur aux produits de la mer, parmi les spécialités, carpaccio de poisson, soupe de poisson et raviolis de poisson, autant dire que le poisson est ici, roi !

À voir - À faire

Ancien village de pêcheurs, semblable à ses voisins ligures, dans l'entrelacs de ses ruelles étroites et des maisons aux façades peintes de couleurs pastel, Bonassola conserve la belle église baroque de Santa Caterina ainsi que l'ancien oratoire de Sant'Erasmo du XVIe siècle.
Aujourd'hui déconsacré, il accueille conférences et expositions.

ÉGLISE SANTA CATERINA

Piazza della Chiesa
Eglise baroque en centre-ville, plutôt dépouillée en façade mais richement décorée à l'intérieur. Un large ensemble d'ex-voto témoignent de la dévotion religieuse des marins et des pêcheurs du village, reconnaissants des grâces reçues pendant leurs périples en mer.

MADONNINA DELLA PUNTA

Via Roma
La petite chapelle de la Vierge de la Pointe, perchée sur les rochers, se rejoint par une promenade merveilleuse qui longe la côte à l'ouest de l'habitat le long de la Via Roma. Encore plus merveilleux est le coucher de soleil que l'on pourra admirer d'ici.

FRAMURA

Quelques kilomètres à l'est de Bonassola (13 km), le hameau de Framura mérite une visite le temps d'une excursion. D'origine très ancienne, Framura s'accroche à la pente de la colline entourée d'une épaisse végétation.
Les ruelles étroites montent et descendent entre les habitations, en épousant la côte. Son territoire abrupt qui descend jusqu'à la mer est composé de cinq petits villages aux maisons pittoresques qui n'on rien perdu de leur charme d'autrefois. Le paysage est ici incomparable.

Framura, La Spezia.

DEIVA MARINA

A l'origine (VIIIe siècle), Deiva n'était qu'un village retranché sur les hauteurs, à l'intérieur des terres. Par la suite sa progressive extension poussa l'habitat jusqu'à la côte. Encore aujourd'hui les deux parties restent distinctes : la partie côtière n'est intéressante que pour sa plage, tandis que la partie intérieure conserve les vestiges de deux tours. La première quadrangulaire s'élève face à l'église de Sant'Antonio Abate du XVIIe siècle, l'autre ronde est plus proche de la côte.

Transports

- **Train**. Gare ferroviaire (30-40 min de La Spezia).
- **Voiture**. 22 km de Levanto par la SP41.

Se loger

■ **CLELIA LOGIS**
Corso Italia, 23
entre Cinque Terre et Portofino
✆ +39 0187 826 26
www.hotelclelia.com
info@clelia.it
Chambre double à partir de 90 €. Parking gratuit, wi-fi, transfert gratuit, petit-déjeuner buffet, vélos gratuits.
Un établissement de qualité, au cœur de Deiva et 15min en train de Monterosso, excellent point de chute pour découvrir la région. Agréable, la grande piscine bordée par un jardin méditerranéen ; la mer n'est qu'à 50 m. Bon restaurant de spécialités régionales (3 cocottes). Chambre pour famille avec coin cuisine. Egalement des appartements à Riomaggiore, Corniglia, Deiva Marina.

GOLFO DEI POETI

Petites criques, rochers à pic sur la mer, une végétation qui s'étend jusqu'à la côte et des villages qui ressemblent à des paysages de carte postale, autant d'attributs qui ont enchanté artistes et poètes qui venaient se recueillir dans le golfe de Lerici pour chercher l'inspiration créatrice. Les poètes anglais Byron et Shelley furent parmi les plus assidus visiteurs de ces localités du golfe, et c'est dans ces eaux que le dernier trouva la mort lors d'un naufrage en 1822. Au fond de l'anse du Golfe, La Spezia avec son arsenal militaire, veille sur les mers de Ligurie.

LA SPEZIA ★★

La région du Golfe de La Spezia a su préserver un patrimoine artistique et environnemental intéressant et relativement intact. Et si la ville de La Spezia, en elle-même, présente un intérêt mineur par rapport au reste de son territoire, une visite du centre-ville et du port peut réserver de très agréables surprises. Nous conseillons d'y dédier une bonne demi-journée.

A la fin du XIXe siècle les travaux titanesques pour la construction de l'Arsenal militaire et le réaménagement urbain de La Spezia effacèrent le tissu urbain médiéval du chef-lieu de la province ; à l'inverse, le reste de la région a maintenu son aspect authentique et inchangé car les localités étaient difficiles d'accès par la terre comme par la côte. Napoléon écrivait à propos de son golfe : « C'est le plus beau port de l'univers, sa rade est supérieure à celle de Toulon, sa défense est facile tant sur terre que par mer ». De fait, si La Spezia est la plus grande base navale militaire italienne et un important port de marchandises, ce n'est pas un hasard. Au Moyen Age, la ville n'était qu'un petit village, acheté et fortifié par la famille Fieschi, dont le centre se développait autour de la colline du Poggio et de l'artère principale Via del Prione. A partir de 1276, La Spezia passe sous influence génoise, elle restera d'ailleurs toujours fidèle à la ville, bien que Gênes se tourne davantage vers ses voisines Luni et Sarzana, plus intéressantes stratégiquement. Ce n'est qu'à partir du XIXe siècle par la volonté de Cavour, que La Spezia connut une véritable révolution urbaine et industrielle avec le transfert dans son port de la Marine militaire basée à Gênes et la construction de l'Arsenal. Elle conserve de cette époque une structure urbaine particulièrement rationnelle, avec de longues avenues ombragées (quartier Umberto I). Le nouvel urbanisme met fin aux fréquentes épidémies qui affligeaient la ville. Entre 1880 et 1890, la population parvient ainsi à doubler de volume, passant de 36 000 ha à 73 000. Par la suite, dans les années 1920, la ville moderne continue à se développer vers l'est, dans le quartier de Migliarina. Si le développement touristique fut négligé pendant près d'un siècle au profit de l'essor industriel et militaire, La Spezia vit aujourd'hui un véritable renouveau culturel, avec l'ouverture d'un pôle de musées fortement attractif (à ne pas manquer le Musée Amedeo Lia et ses trésors, ainsi que la Camec et sa collection d'art contemporain) et plusieurs projets de requalification des quartiers périphériques.

Le port de La Spezia.

Huile d'olive de Ligurie.

Transports

Comment y accéder et en partir

EUROPCAR
Viale San Bartolomeo, 5
✆ +39 0187 59 02 47
www.europcar.it
Le loueur international dispose d'une agence à La Spezia.

GARE FERROVIAIRE
Piazzale Medaglie d'Oro
✆ 89 20 21
www.trenitalia.it
Nombreuses liaisons quotidiennes vers toutes les communes des Cinque Terre (ligne La Spezia – Sestri Levante). C'est ici également qu'il vous faudra prendre votre correspondance si vous arrivez de l'aéroport de Pise. Les trains vers Gênes et Milan sont nombreux tous les jours de la semaine.

HERTZ
Viale San Bartolomeo, 389
✆ +39 0187 51 21 40
www.hertz.it
Location de voitures.

NAVIGAZIONE GOLFO DEI POETI
Piazza Garibaldi, Lerici
✆ +39 0187 732 987
www.navigazionegolfodeipoeti.it
info@navigazionegolfodeipoeti.it
De mars à octobre. Ticket aller-retour à partir de 8 € selon destination.
Nombreux départs en bateau (quasiment toutes les heures entre 10h et 17h) depuis le port (Passeggiata Morin) vers Portovenere, Portofino et les Cinque Terre.

Se déplacer

ATC SPA LA SPEZIA
✆ +39 0187 52 251
www.atcesercizio.it
Ticket entre 1,50 € et 4,30 € selon destination. En vente auprès des bureaux de poste et des bureaux de tabac.
La société ATC gère les transports de La Spezia et de sa commune. De la gare partent les bus en direction de Lerici, Tellaro e Fiascherino (ligne L/S) ainsi que vers Portovenere (ligne 11/P), localités dépourvues de gare ferroviaire.

RADIO TAXI
Viale Italia, 475
✆ +39 0187 52 35 23
www.radiotaxilaspezia.it
Forfait trajet La Spezia-Portovenere 35 €, La Spezia-Lerici 30 €, La Spezia-Riomaggiore 35 €.

Pratique

HÔPITAL SANT'ANDREA
Via Vittorio Veneto, 197
✆ +39 0187 53 31

OFFICE DU TOURISME
Viale Italia, 5
✆ +39 0187 770 900
www.turismoprovincia.laspezia.it
Du lundi au samedi 9h-13h, 14h-17h. De mai à septembre 15h30-19h.

Autre adresse : c/o Gare Ferroviaire, P.le Medaglie d'Oro, ✆ +39 0187 71 89 97.

POSTE
Piazza Verdi, 12
✆ +39 0187 796 21
Du lundi au vendredi de 8h à 18h30, samedi de 8h à 13h.

Se loger

Bien et pas cher

L'offre d'hébergement de La Spezia constitue une solide alternative à un logement dans les Cinque Terre. A seulement dix minutes de train de Riomaggiore, vous pourrez profiter ici de tarifs bien plus compétitifs.

A 4 PASSI DAL MARE

Via Vanicella, 15
✆ +39 333 248 8038
www.a4passidalmare.com
info@a4passidalmare.com
Simple 30-50 €, double 60-90 €. Wifi. Possibilité de parking payant sur demande.
Au cœur de la ville, ce B&B est un excellent point de départ pour découvrir le golfe des Poètes. Quatre chambres aux tons pastel, simples et confortables, chacune avec salle de bains privée.

B&B MARE E MONTI

Via Genova, 523
✆ +39 0187 717 854 / +39 339 129 6569
www.mareemonti.it
Chambre double 50-85 €. Petit déjeuner inclus.
Ambiance familiale dans ce B&B entre mer et montagne, à l'entrée des Cinque Terre et à 5 min de la gare de La Spezia.

B&B ALTA MAREA

Via Torino, 70
✆ +39 377 54 48 365
www.affittacamerealtamarea.it
info@affittacamerealtamarea.it
Chambre double de 70 à 110 €. Petit déjeuner inclus. Wifi.
Au cœur de La Spezia à quelques pas de la gare et de la piétonne Via del Prione, des chambres d'hôtes claires et fraîches qui ont été rénovées en 2014. Mobilier moderne et tableaux sympathiques aux murs donnent un ton jeune et décontracté au cadre. Le petit-déjeuner se prend au bar du coin. Très bon accueil.

I REMI DEL PRIONE

Via del Prione, 269
✆ +39 320 88 06 977
www.iremidelprione.com
info@iremidelprione.com
Chambre double à partir de 70 €. Petit déjeuner inclus.
Au cœur de La Spezia (dans le quartier piéton), un appartement entièrement rénové et aménagé en chambres d'hôtes. Quatre chambres, chacune avec sa salle de bain, confortables bien qu'aux couleurs un peu *flashy*. Accueil sympathique.

Confort ou charme

AGRITURISMO LA TERRAZZA SUL GOLFO

Via Coregna, 25
✆ +39 0187 20 033 / +39 328 41 36 100
www.terrazzasulgolfo.it
terrazzasulgolfo@libero.it
Appartements 2/6 personnes à partir de 70 €.
Au calme sur les hauteurs de La Spezia (5 km du centre, 10 min de voiture), cette jolie bâtisse fermière du XVIIIe siècle a été réaménagée en 5 appartements pouvant loger entre 2 et 6 personnes. Chacun dispose de terrasse et de cuisine ou kitchenette privée. L'*agriturismo* propose également des repas à base de produits de la propriété d'une excellente qualité.

© MAMA-MIA

FJ3C8Z63EG59

Le code ne peut être utilisé qu'une seule fois.
Il faut respecter les caractères en majuscule du code.

1. Rendez-vous sur la boutique en ligne Petit Futé : http://boutique.petitfute.com/
2. Saisissez votre code de promotion à droite dans le carré **« La version numérique de votre guide offerte »** dans l'onglet Code de promotion et cliquez sur le bouton **OK**.
3. Cliquez sur **« Continuer le paiement »** avec un montant global à 0 €.
4. Si vous avez déjà un compte : connectez-vous avec le bouton **« S'identifier »** puis choisissez une adresse de facturation et cliquez sur **« Continuer »**.
5. Si vous n'avez pas de compte : cliquez sur le bouton **« S'inscrire »**, remplissez le formulaire d'inscription puis cliquez sur **« S'inscrire »** ensuite complétez votre adresse de facturation et cliquez sur **« Continuer »**.
6. Vérifier l'adresse de facturation.
7. Ensuite, cliquez sur « Continuer » puis **« Pas d'information de paiement nécessaire »** puis **« Passer la commande »**.
8. Cliquez directement sur le lien **« Mes produits téléchargeables »** ou cliquez tout en haut sur le lien **« Mon compte »** et cliquez plus bas sur le lien **« Mes produits téléchargeables »** dans la colonne gauche **« Mon compte »**, puis sélectionnez à droite votre format sous le titre.

Offre valable jusqu'au 31/12/2016 sous reserve de l'arret de [illegible] et sous réserve que le nombre de téléchargements soit inférieur ou égal au nombre d'exemplaires de guides papier imprimés. [illegible] PC ou MAC.

ALBERGO DELLE SPEZIE

Via F. Cavallotti, 31
✆ +39 366 209 2812 /
+39 0187 19 54 00
www.albergodellespezie.com
info@albergodellespezie.com
Chambre double à partir de 85 €. Wifi.
Ravissant petit hôtel 3-étoiles qui, après s'être refait une beauté, a adopté la *green attitude*. Bois, pierre, tissus ethniques et couleurs naturelles animent le bar et chacune des onze chambres avec beaucoup de caractère. Ses petits-déjeuners bio, sa consommation énergétique hyper contrôlée et le mobilier fait avec du matériel de récupération (sans pour autant perdre son côté stylé) ont permis à l'hôtel de gagner le label Eco World Hôtel. Encore un avantage : la position en plein centre-ville et à quelques pas de la gare.

FATTORIE BEDOGNI VON BERGER

Via Proffiano, 34
✆ +39 0187 711 053 /
+39 347 695 5141
www.agriturismogolfodeipoeti.com
info@agriturismogolfodeipoeti.com
Prix par personne 30-65 €, pour les séjours de plus de 7 jours, prix à partir de 20 € par personne la nuit. Règlement de 50% du séjour obligatoire au moment de la réservation, solde à l'arrivée.
Pour un séjour bucolique sur les collines au dos de La Spezia, voici une ferme du XVIIe sicècle entièrement rénovée. Les appartements chaleureux et confortables sont meublés avec du mobilier régional d'époque. Tous disposent de salle de bains, cuisine, cheminée et chauffage indépendant (gaz et climatisation à régler en plus selon consommation). Barbecue et piscine avec bain à remous à disposition des clients.

FIRENZE CONTINENTALE

Via Paleocapa, 7
✆ +39 0187 713 210
www.hotelfirenzecontinentale.it
info@hotelfirenzecontinentale.it
Simple 80-170 €, double 90-200 €. Petit déjeuner inclus. Wifi.
A deux pas de la gare et quelques centaines de mètres de la rue commerçante et piétonne la plus importante, l'hôtel occupe un bel immeuble du début du XXe siècle. Décoration agréable et confortable et personnel accueillant et professionnel.

GENOVA

Via Fratelli Rosselli, 84
✆ +39 0187 73 29 72
www.hotelgenova.it
info@hotelgenova.it
Chambre double 80-150 €. Petit déjeuner inclus. Wifi.
L'un des premiers hôtels de La Spezia, l'hôtel Genova accueillait déjà les voyageurs au début du XXe siècle, âge d'or pour le chef-lieu du Levant ligure. Aujourd'hui l'établissement au décor classique, offre de bonnes prestations et un service de qualité. Trois étoiles bien méritées et un bon rapport qualité–prix.

MY ONE HOTEL LA SPEZIA

Via XX Settembre, 81
✆ +39 0187 73 88 48
www.compagniedeshotelslaspezia.it
laspezia@hotelcdh.com
Chambre double 110-220 €. Wifi. Possibilité d'obtenir des promotions en réservant via le site internet de l'établissement.
Un hôtel au *design* ultra moderne dans la zone piétonne de La Spezia et à dix minutes à pied de la gare.

Espaces communs plutôt neutres, mais les chambres sont spacieuses et fonctionnelles. Personnel serviable et souriant.

■ LE VILLE RELAIS

Salita al Piano, 18/19
direction Campiglia
✆ +39 335 87 93 454
www.levillerelais.it
Chambre double 90-170 €, simple 80-125 €. Petit déjeuner inclus. Wifi. Parking gratuit.
Un relais de charme sur la colline à l'ouest de La Spezia en direction de Portovenere. Le calme absolu règne tout autour, que vous soyez sur la terrasse en train de profiter de la vue exceptionnelle sur le port de la ville, ou bien dans la petite piscine à débordement. Les chambres sont pratiques et agréables. Un bon point de chute pour visiter la région, mais la voiture est ici indispensable.

Se restaurer

Les plats traditionnels de la cuisine de La Spezia marient admirablement les ingrédients de l'agriculture avec ceux de la pêche. Par exemple vous trouverez parmi les spécialités, la salade de pommes de terre, blettes et anchois, de belles fritures de morue ainsi que du hareng mariné. Sans oublier les tartes salées et les raviolis farcis aux légumes. Le tout arrosé d'huile d'olive extra–vierge au goût fort et décidé.

Pause gourmande

■ PANIFICIO RIZZOLI

Via Fiume, 108
✆ +39 0187 74 31 68
La meilleure *focaccia* de La Spezia. La boulangerie à quelques pas de la gare ferroviaire varie sa gamme : *focaccia* au fromage, aux légumes, à la saucisse, à l'oignon et d'autres encore. À consommer sans limitation !

© ADAMACHE – ISTOCKPHOTO

Focaccia.

Bien et pas cher

■ ALL'INFERNO

Via Lorenzo Costa, 3
✆ +39 0187 294 58
Addition 15-25 €. Fermé le dimanche.
Voici une petite *osteria* qui n'a rien d'infernal, bien au contraire ! Une clientèle d'habitués descend régulièrement les quelques marches qui conduisent à la salle traditionnelle, où l'on est toujours sûr de retrouver les saveurs de la cuisine traditionnelle : anchois farcis, minestrone, tripes...

Bonnes tables

■ ANTICA TRATTORIA SEVIERI

Via della Canonica, 13
✆ +39 0187 75 17 76
www.anticatrattoriasevieri.com
Addition 30-60 €. Ouvert du lundi au samedi.
Une table incontournable ! La salle soignée et la belle terrasse sur la place du marché conviennent aussi bien aux repas d'affaires des bureaux voisins qu'aux tablées de gastronomes. Le chef signe une cuisine de qualité, avec un trait de raffinement original, et ne négligeant jamais les produits frais locaux. On citera par exemple les gambas sur escalope de foie gras, le feuilleté de pommes de terre violettes et crevettes roses de Santa Margherita, pour terminer avec la fondue au chocolat accompagnée de fruits et petits biscuits.

■ DA DINO

Via Cadorna, 18
✆ +39 0187 735 004
www.dino-veve.com
Repas 20-40 €. Ouvert tous les jours.
Ambiance caractéristique pour cette petite brasserie bien placée. Dans la salle relookée on sert une cuisine régionale entre les traditions ligure et toscane. Plus informelle, la pizzeria sert des *pizze* bien cuites au feu de bois. Bonne carte des vins et huiles d'olive sélectionnées avec une attention particulière.

■ L'OSTERIA DELLA CORTE

Via Napoli, 86
✆ +39 0187 71 52 10
www.osteriadellacorte.eu
info@osteriadellacorte.com
Addition 25-45 €. Fermé lundi midi.
Un restaurant accueillant dans un cadre au ton rustique et informel mais à la déco soignée, avec une agréable cour intérieure. La carte propose une sélection de plats aux saveurs méditerranéennes très tentante, qui vont des plus classiques pâtes à la boutargue et bar aux pommes de terre et olives, jusqu'à des créations plus originales comme la lotte au radis rouge mariné et la crème fraîche glacée et son coulis de réglisse.

■ QUANTO BASTA

Via della Canonica, 32
✆ +39 0187 73 62 16 /
+39 338 807 6457
Menu fixe 35 € par personne.
Formule à volonté pour cette sympathique brasserie du centre-ville au cadre typique. Le menu change tous les jours et suit les arrivages du marché ; alors que vous vous servez (à volonté, pour ceux qui n'ont pas suivi) au buffet d'antipasti, Marisa la maîtresse de maison vous prépare le *primo* et si vous avez encore faim, le *secondo* avec tout ce qu'il y a de plus frais. Quelques exemples : raviolis au ragoût, velouté de carottes et oranges, tartes salées aux légumes et anchois, poivrons farcis, lapin en

sauce et poisson grillé, sans oublier les desserts maison avec parmi tant d'autres le gâteau au chocolat et le tiramisu.

Sortir

■ ACRONIA LA CANTINA

Via Manin, 31
✆ +39 347 609 8718
Tous les jours de 18h à 01h. Fermé dimanche.
Un bar à vin qui mérite bien le détour ; au centre de La Spezia il rassemble des habitués gourmands de ses immenses planches de fromage, charcuteries et *focaccia* à l'heure de l'apéritif. Vaste choix d'étiquettes et grand buffet *happy hour*. Bonne ambiance.

■ DISTRO' FUN HOUSE

Via Marsala, 8
✆ +39 0187 70 13 87
www.distrolaspezia.com
Tous les jours 17h30-22h (18h le week-end).
Un bar éclectique à l'ambiance *cool* et branchée où les vinyles (en vente d'ailleurs) côtoient des œuvres d'art de jeunes créateurs, où les étagères sont remplies de bouteilles et de livres pour encourager le *book sharing*, où les cocktails, les apéritifs et les alcools forts sont autant demandés que les thés et que les tisanes bio. Pour un apéritif entre le *hipster* et le bobo.

■ MAITÉ LOUNGE

Via Napoli, 18
✆ +39 0187 302823
www.maitelounge.com
Fermé dimanche et lundi matin.
A la fois salon de thé et bar à vin, Maité compte déjà de nombreux adeptes à La Spezia depuis sa récente ouverture en 2014. Déco moderne et *cosy*, soupes, salades et sandwiches goûteux pour le déjeuner, thé et cafés gourmands à toutes les heures, jusqu'ici rien d'original, mais sa valeur ajoutée réside dans *l'apérithé*, l'apéro alcoolisé à base de thé servi dès 18h avec un riche buffet *happy hour*.

À voir – À faire

La Spezia est une ville qui se parcourt facilement à pied. Son centre historique relativement étendu, s'articule autour de Via del Prione, Corso Cavour et de Via Chiodo, pour atteindre le bord de mer vers le sud. Ici les Spezzini aiment se promener le long des quais, le Molo Italia, entre le port et les Jardins Publics qui le bordent. Le Corso Cavour, cette longue artère parallèle à Via del Prione, est probablement la réalisation urbaine qui résume le mieux le radical bouleversement urbain qui transforma La Spezia en une ville élégante et ordonnée.
Une attention particulière mérite d'être portée aux édifices de style *liberty* (l'Art Nouveau italien) du centre-ville. Au début du XXe siècle, La Spezia s'habille immeubles raffinés qui composent encore aujourd'hui la majorité du paysage urbain. Vous remarquerez en façade, les décors finement dessinés de figures féminines, d'animaux et de cariatides vers le quartier autour de la Piazza Verdi.

■ ARSENALE DELLA MARINA MILITARE ★

✆ +39 0187 782 337
urp@marina.difesa.it
Ouvert à la visite uniquement à l'occasion de certaines évènements particuliers (Journée du Patrimoine, Fête de San Venerio).

L'arsenal militaire de La Spezia est parmi les premières importantes œuvres publiques du Royaume d'Italie. Sa construction (1860-1865) joua un rôle considérable dans l'évolution socio-économique de la ville. Voulu par Cavour, l'auteur du projet fut l'architecte Domenico Chiodo. A côté d'une série d'intéressants témoignages de l'archéologie industrielle maritime, l'arsenal est une base importante pour la recherche et l'innovation dans les secteurs d'avant-garde du domaine naval.

CAMEC ★

Piazza C. Battisti, 1
✆ +39 0187 734 593
camec.spezianet.it
camec@comune.sp.it
Du mardi au dimanche 11h-18h. Tarifs : 6,50 €, réduit 4 €. Billet combiné 12 €, valable 72 heures avec les musées del Sigillo, del Castello, Ethnographique-Diocésain et le musée Amedeo Lia.

Inauguré en 2004, le Centre d'art moderne et contemporain incarne la volonté de renouveau culturel de La Spezia. Ce musée se propose ainsi de promouvoir les œuvres plastiques et picturales en provenance des différentes éditions du Prix national de peinture du golfe, actif entre 1949 et 1965 et à nouveau depuis 2000. A ces œuvres s'ajoutent les pièces provenant de différentes collections privées qui reparcourent de manière plutôt complète la production artistique du XXe siècle. Enfin, des expositions régulières invitent le public à se rapprocher des nouveaux langages de l'art multimédia (vidéos, art numérique) ainsi qu'à l'art de la performance avec la mise en scène de nombreux *happenings*.

CASTELLO SAN GIORGIO ★

Via XXVII Marzo
✆ +39 0187 751 142
Du mercredi au lundi, en hiver, de 9h30 à 12h30 et de 15h à 18h. En été, de 9h30 à 12h30 et de 17h à 20h. Entrée : 5,50 €, réduit 4 €. Billet combiné 12 €, valable 72 heures pour les musées Lia, del Sigillo, del Castello, Ethnographique-Diocésain et le Camec.

Il domine la cité médiévale. Bâti au XIIe siècle, en même temps que les remparts de Nicolo Fieschi, le château fut reconstruit en 1327. Une seconde enceinte fut rajoutée par la suite. L'édifice conserve sa structure d'origine avec les imposants bastions du XVIIe siècle. Il héberge aujourd'hui le Musée archéologique aux intéressants vestiges retrouvés dans les nécropoles fouillées de la région. Mais, les pièces maîtresses du musée sont les 19 stèles anthropomorphes des époques du bronze et du fer, sculptées par les habitants de la Lunigiana, à l'intérieur des terres au dos de La Spezia.

ÉGLISE SANTA MARIA ASSUNTA

Piazza Beverini
Construite en 1271, l'église fut plusieurs fois agrandie et rénovée. La nef gauche conserve une magnifique *Vierge à l'Enfant* en céramique polychrome de Andrea della Robbia.

MUSEO CIVICO AMEDEO LIA ★★

Via del Prione, 234
✆ +39 0187 731 100
http://museolia.spezianet.it
Du mardi au dimanche de 10h à 18h. Entrée 7 €, réduit 4,50 €. Billet combiné 12 €, valable 72 heures avec les musées del Sigillo, del Castello, Ethnographique-Diocésain et le Camec.

La plage de Fiascherino, Golfo dei Poeti.

Le port de La Spezia.

Un peu d'archéologie

A quelques kilomètres au sud de La Spezia, après Sarzana, subsistent les vestiges de Luni (30 km à l'ouest de La Spezia), ancienne ville florissante dont la visite passionnera les férus d'archéologie.

Luni était autrefois une ville riche et importante, dont le port jouait un rôle vital dans le commerce entre le nord et le sud de l'Italie. Sa réputation arriva au point de donner son nom à l'assez vaste région de la Lunigiana. Fondée en 177 av. J.–C. la ville devint prospère à l'époque romaine, elle résista aux invasions même les plus dévastatrices, mais non aux épidémies de malaria et à l'inévitable ensablement de son port, définitivement condamné entre le XIe et le XIIe siècle. Abandonnée par ses habitants elle tomba petit à petit en ruine jusqu'à être totalement oubliée.

Aujourd'hui, le site redécouvert est une importante zone archéologique qui mérite une visite, surtout pour son petit musée et pour son amphithéâtre (allant jusqu'à 5 000 spectateurs) assez bien préservé, situé en-dehors de l'ancien périmètre urbain. Plusieurs pièces en revanche, sont aujourd'hui exposées au Musée Archéologique de La Spezia au Château San Giorgio.

■ AREA ARCHEOLOGICA DI LUNI ★

Via Luni, 37
Ortonovo
✆ + 39 0187 66 811
www.archeoge.beniculturali.it
sba-lig.museoluni@beniculturali.it
Autoroute A12 Genova-Livorno, sortie Sarzana, poursuivre 8 km au sud, direction Dogana.
Tous les jours de 8h30 à 19h30. Visites guidées de l'amphithéâtre d'octobre à mai à 10h30 et à 15h30, de juin à septembre à 10h30 et à 17h30. Entrée 2 €.

C'est une très riche collection privée qui est ici présentée dans l'ancien couvent des Paolotti remontant au XVIIe siècle, au niveau du milieu de la centrale Via del Prione. Donation d'Amadeo Lia, elle regroupe à travers 13 salles des objets liturgiques, des ivoires médiévaux, des vitraux, enluminures, des médailles, des cristaux de roche sculptés et des verres vénitiens soufflés, ainsi que des vestiges archéologiques du pourtour méditerranéen. Parmi les œuvres majeures en peinture, une *Nativité* de Giovanni Bellini, un *Portrait de gentilhomme* de Titien et l'*Autoportrait* du Pontormo, pièce maîtresse du musée, ainsi qu'une belle collection de bronzes d'époque Renaissance.

MUSEO CIVICO DEL SIGILLO

Via del Prione, 234
Palazzina delle Arti «L.R. Rosaia»
✆ +39 0187 778 544
www.laspeziacultura.it
Mercredi et jeudi 15-18h ; vendredi, samedi et dimanche 10h-13h, 15h-18h. Entrée 3,50 €. Billet combiné 12 €, valable 72 heures avec les musées Lia, del Castello, Ethnographique-Diocésain et le Camec.
La plus grande collection au monde de cachets, depuis l'Antiquité jusqu'à nos jours.

MUSEO TECNICO NAVALE DELLA MARINA MILITARE ★★

Viale Amendola, 1
✆ +39 0187 783 016
Ouvert tous les jours de 8h30 à 18h30 en été et en hiver de 10h15 à 15h45. Entrée 1,55 €.
Situé à la gauche de l'entrée monumentale de l'Arsenal de la Marine militaire, ce musée est l'un des plus prestigieux au monde. Le premier ensemble de ses collections est très ancien, il se compose en effet de pièces rassemblées par Emmanuel Philibert de Savoie pour l'Arsenal de Villefranche-sur-Mer au XVIe siècle. On y admire une merveilleuse collection d'armes, de maquettes de bateaux, d'uniformes, de reliques et de pièces essentielles à la compréhension de la navigation moderne. Certaines pièces proviennent de la bataille de Lépante (1571 !), mais les objets les plus extraordinaires du musée restent les 28 figures de proue d'anciens navires. L'une d'elles est à l'effigie de l'impératrice Sissi !

Shopping

CENTRO KENNEDY

Piazzale Kennedy, 15
✆ +39 0187 563 494
Du lundi au samedi 9h-20h.
Ouvert en 1998, il s'agit du principal centre commercial de la région. Une structure de six étages où trouver tout genre d'articles (habillement, décoration, jouets, articles de sport...). Pour les journées de pluie, quand vous aurez épuisé tous les musées.

DROGHERIA PANATTONI

Via G. Garibaldi, 23
✆ +39 0187 731 278
Du lundi au samedi 7h-13h, 15h45-20h.
Une épicerie (*drogheria*) hors du temps, avec ses étagères bondées de produits aussi rares qu'utiles et curieux, son comptoir en bois et sa vielle balance à mesure. Les prix sont plutôt très chers, mais le spectacle vaut le coup d'oeil. Curiosité : Panattoni a été le premier dans la région à vendre des bananes au début du XXe siècle !

MARCHÉ

Piazza Cavour
Tous les matins, du lundi au samedi.
Haut en couleur, le marché de La Spezia est l'un des plus beaux de la région. Sous une toiture d'allure moderne, l'exposition de marchandises est un spectacle en toute saison : poissons et crustacés, fruits et légumes, viandes rôties au parfum alléchant, fleurs et plantes... Même si vous ne pouvez rien rapporter dans vos valises, un petit tour ici vous mettra de bonne humeur.

Retrouvez l'index général en fin de guide

Portovenere.

MARCHÉ DES ANTIQUAIRES

Piazza Cavour

Chaque 1er dimanche du mois à l'exception de juillet et août.

Dénommé il « Cercantico » (cherche l'ancien), le traditionnel marché d'antiquités et brocantes réserve toujours quelques bonnes surprises.

PORTOVENERE ★★★

A l'extrémité occidentale du golfe de La Spezia, Portovenere est l'une des perles de la Ligurie et une étape romantique pour les amoureux de la mer. Jusqu'au XVe siècle, ce fut la sentinelle de Gênes ainsi qu'une étape marchande. Les deux blocs d'édifices construits sur les flancs du *caruggio* représentaient une double ceinture protectrice. Les *case torri* polychromes s'ouvrent sur la jetée Doria et sur le petit port. La synthèse réussie entre art et nature et l'aspect pittoresque de ses maisons aux façades peintes ont un tel charme que la foule estivale ne déserte jamais la ville.

Transports

- **Voiture.** Depuis La Spezia, nationale SP530 (13 km).
- **Bus.** Depuis la gare de La Spezia, bus «P» (www.atcesercizio.it).
- **Bateau.** Liaisons régulières entre les Cinque Terre, La Spezia et Lerici (www.navigazionegolfodeipoeti.it) ; service actif de mars à fin octobre.

Pratique

OFFICE DU TOURISME

Piazza Bastreri, 7

✆ +39 0187 790 691

www.prolocoportovenere.it

info@prolocoportovenere.it

Hiver : tous les jours 10h-12h, 15h-18h, fermé le mercredi. Eté : tous les jours 10h-12h30, 15h-19h45.

Se loger

DELLA BAIA

Via Lungomare, 111
Loc. Le Grazie (3 km au nord de Portovenere)
✆ +39 0187 79 07 97
www.baiahotel.com
hbaia@baiahotel.com
Chambre double 130-180 €, simple 80-110 €. Wifi. Addition restaurant 35-60 €.

Sur le petit port du hameau des Grazie, quelques kilomètres le long de la côte au nord de Portovenere, un hôtel au bon confort donnant tout droit sur la mer. Le restaurant avec une belle véranda sert des spécialités régionales aux parfums de la région. Petite piscine.

GENIO

Piazza Bastreri, 8
✆ +39 0187 790 611
www.hotelgenioportovenere.com
info@hotelgenioportovenere.com
Simple 80-95 €, double 100-125 €. Petit déjeuner inclus.

Dans l'ancienne tour du port et dans une partie des remparts moyenâgeux, l'hôtel Genio a installé 7 chambres simples mais confortables, idéales pour de courts séjours. La véranda a aussi beaucoup de charme.

Se restaurer

BAJEICO

Via Cappellini, 70
✆ +39 0187 792 179
www.bajeico.it
info@bajeico.it

Dans ce laboratoire du goût, Mamma Laura travaille ses ingrédients, dont le *bajeico* (« basilic » en génois) sous les yeux gourmands du public pour réaliser d'innombrables quantités de l'or vert ligure, le pesto. De nombreuses dégustations sont organisées en saison. Vous trouverez ici également quelques plats cuisinés à base, évidemment à base de pesto, à déguster sur le pouce.

LA CHIGLIA

Via dell'Olivo, 317
✆ +39 0187 79 21 79
Addition 25-45 €.

A quelques pas du centre historique de Portovenere, le cadre moderne de ce restaurant de poisson ne doit pas vous tromper : il s'agit bien des meilleurs plats de la tradition ligure que l'on vous servira. Ici le poisson est roi, des *antipasti* au dessert (ou presque). L'*antipasto* de la mer semble ne pas en finir avec pléthore de *carpacci*, de coquillages, de fruits de mer et de petits poissons farcis, suivent de superbes pâtes aux langoustines ou un risotto aux fruits de mer, ensuite grillades et fritures sont parfaitement cuisinées, pour terminer enfin avec de très bons desserts maison. A ne pas manquer lors d'un séjour à Portovenere.

LOCANDA LORENA

Via Cavour, 4
Isola Palmaria
✆ +39 0187 792 370
www.locandalorena.com
info@locandalorena.com
Addition 40-70 €. Chambre double 130-150 € (réservation uniquement par téléphone). Petit déjeuner compris.

Un petit coin de paradis en dehors du chaos du port de Portovenere. On arrive à la Locanda Lorena uniquement par le *taxiboat* du restaurant qui fait régulièrement des allers-retours. En terrasse ou sous la véranda, cette auberge de charme propose une cuisine de poisson absolument divine. La fraîcheur des homards, des coquillages et des poissons grillés vous titille les papilles, au point que vous aurez aussitôt envie de revenir. La Locanda Lorena est aussi un B&B, l'endroit idéal pour se reposer au calme dans de jolies chambres aux tons pastel.

À voir – À faire

De l'extrémité sud du bourg de Portovenere jusqu'à l'entrée du bourg, Portovenere conserve encore de nombreux tronçons des courtines qui jadis l'entouraient entièrement. Au cœur de l'habitat, les étroits *caruggi*, étroites venelles, serpentent entre boutiques, restaurants et magasins de souvenirs. Au départ des quais de la Calata Doria, partent les bateaux vers l'île Palmaria et le service de navigation reliant Portovenere au reste du Golfe et des Cinque Terre.

■ BASILIQUE SAN LORENZO ★

Via Oratorio

Construit par les Génois au XIIe siècle en tant que basilique officielle, l'édifice fut érigé par l'atelier du Magistri Antelami, grand architecte de l'époque romane. Il subit par la suite plusieurs remaniements qui modifièrent quelque peu son unité romane. L'intérieur conserve la représentation de la *Madone blanche*, protectrice de la ville. Selon la légende l'effigie arriva par miracle à Portovenere dans un tronc d'arbre, aujourd'hui encore conservée dans la nef gauche de l'église. Cette représentation miraculeuse aurait sauvé la ville d'une épidémie de peste en 1339.

■ CASTELLO ★

Calata Doria

De juin à septembre ouvert tous les jours de 10h30 à 17h30, hors saison uniquement le week-end de 10h30 à 17h. Entrée 5 €, réduit 3 €.

VISITE

© BDSKLO – ISTOCKPHOTO

La côte de Portovenere et la mer de Ligurie.

Érigé sur la hauteur qui domine l'habitat, il s'agit ici de l'une des fortifications les plus importantes du Levant ligure. Cette forteresse militaire génoise a été remaniée aux XVIe et XVIIe siècles, au moment où les Génois entreprirent de démolir le château médiéval préexistant fondé en 1161, pour renforcer ses défenses militaires. L'ensemble de plan pentagonal avec trois bastions tournés vers la mer et une quatrième puissante tour circulaire tournée vers la colline. Aujourd'hui l'ensemble bien conservé, accueille expositions, conférences et même des mariages. Du haut de ses remparts, la vue sur la mer est merveilleuse, particulièrement au moment du coucher de soleil.

■ ÉGLISE SAN PIETRO ★

Calata Doria

Située sur un rocher protégé des assauts de la mer, cette église du XIIIe siècle aurait été construite sur les fondations d'une précédente structure paléochrétienne du VIe siècle, à son tour élevé sur les fondations d'un temple romain dédié à Vénus. L'ensemble de l'édifice de style gothique ligure était englobé dans le système de fortifications de la ville.

■ GROTTA DELL'ARPAIA ★

Vous rejoindrez la grotte, appelée également « grotte de Byron », en descendant l'escalier en pente à la gauche de San Pietro. Son surnom vient d'une inscription rappellant que d'ici le poète anglais lord Byron plongea pour entreprendre un courageux tour du golfe à la nage entre Portovenere et San Terenzo à l'ouest de Lerici.

■ ÎLE PALMARIA ★★

Isola Palmaria

www.barcaioliportovenere.com

Un service de bateau-bus dessert l'île au départ de l'embarcadère central de Portovenere (réduit en hiver). Tarif aller-retour : 4,50 € ; bateau–taxi privé : aller 6,50 € par personne.

En face de Portovenere, l'île de la Palmaria est très fréquentée en été pour la baignade dans des eaux d'une transparence exceptionnelle. Vous pourrez en outre partir en randonnée et visiter les deux grottes – la Grotta Azzurra, qui s'ouvre dans la falaise dans la partie ouest de l'île et la Grotta dei Colombi, côté sud à 30 m de hauteur au-dessus du niveau de la mer - ainsi que les deux batteries militaires du XIXe siècle.

L'une d'elles, la Batteria del Semaforo, abrite un Centre d'Education Environnemental du Parc Régional ; une autre, la Batteria Umberto I, est aujourd'hui un centre culturel très vivace en été. La jolie plage dite du Pozzale, de sable et galet, sera une halte agréable pour une baignade en été ; cependant prenez garde, car elle est souvent prise d'assaut les jours d'été.

■ ÎLES DE TINO ET TINETTO ★

Ces deux petites îles aux larges de Portovenere, forment avec l'île de Palmaria l'archipel de La Spezia. Tinetto n'est qu'un écueil, où l'on retrouve pourtant les ruines d'un ancien édifice monastique médiéval. L'île verdoyante de Tino est propriété de la marine militaire italienne, il est donc interdit de y aborder, ne serait-ce qu'à l'occasion de la fête de San Venerio le 13 septembre, pour visiter les vestiges de l'ancien monastère construit par les bénédictins dès le XIe siècle et dédié à l'ermite Venerio, saint patron du golfe qui vécut et mourut sur l'île.

© IL-FEDE – FOTOLIA

Église San Pietro.

© ALBERTO MASNOVO – ISTOCKPHOTO

Portovenere, patrimoine de l'UNESCO.

Portovenere, l'une des perles de la Ligurie.

VILLA ROMAINE DE VARIGNANO ★
Via Varignano Vecchio
Loc. Le Grazie
✆ +39 0187 79 03 07
4 km au Nord de Portovenere par la SS530
Visites sur réservation (par téléphone).
Le long de la départementale entre Portovenere et La Spezia on admire encore les vestiges d'une riche résidence romaine habitée entre la fin du Ier siècle av. J.-C. et le VIe siècle ap. J.-C.
On distingue le périmètres des appartements du maître, le *dominus*, et les entrepôts des denrées agricoles. La villa avait ses propres thermes avec son réservoir d'eau, la citerne. Des pavements en mosaïque et des restes de décor à fresques pompéiennes sont parvenus jusqu'à nous.

Sports - Détente - Loisirs

GOCCE DI BYRON
Via Cappellini, 127
✆ +39 0187 79 06 65
www.goccedibyron.it
Voici une boutique qui sent bon, et pour une fois rien ici n'est à manger ! Ce parfumeur d'exception, propose des essences raffinées, « les gouttes de Byron », inspirées des parfums du maquis de la région.
Dans d'élégants flacons, vous aurez le choix entre *Saladero*, aux notes de melon, cyclamen et tabac, *Tramonti* teinté d'agrumes, *Guvano* à la figue, *Volastra*, très féminin à base de fleurs, et *Punta Mesco* où ressortent le chêne et le poivre noir. Produits pour le corps et bougies parfumées complètent l'offre.

Autre adresse : Vernazza : Via Roma, 35. Sarzana : Via Cattani, 24.

LERICI ★

Sa position, au sein d'une des plus belles baies de la Riviera du Levant, a valu à Lerici l'appellation de « perle du Levant ». Riche de témoignages historiques et artistiques, la ville entretient sa réputation de centre balnéaire agréable et moderne. Le territoire a longtemps été une des étapes privilégiées par les artistes et par les écrivains célèbres. C'est dans ses eaux d'ailleurs que le poète anglais Shelley se noya après un naufrage. L'ensemble du territoire autour de Lerici comprend à l'intérieur des terres des bourgs pittoresques reliés entre eux par des sentiers panoramiques. Le long de la côte, des petites criques rocheuses se dévoilent au visiteur, comme celles de Fiascherino accessible pour la baignade ou de Tellaro qui est entre autres un petit joyau architectural.

Transports

Voiture. Depuis La Spezia, nationale SP331 (13 km).

Parking. Le centre historique est fermé à la circulation. Plusieurs parkings se trouvent vers San Terenzo et le long du Lungomare Biaggini, mais attention, car en haute saison ils sont souvent pleins.

Train. Gare de La Spezia. Depuis la gare, bus L ou S, trajet de 20 minutes (www.atcesercizio.it).

Bateau. Tour du Golfe des Poètes : Cinque Terre, Portovenere, Portofino (www.navigazionegolfodeipoeti.it) ; service actif de mars à octobre.

Pratique

OFFICE DU TOURISME
Via Petriccioli, 82
✆ +39 345 705 8572
www.comune.lerici.sp.it
Face à la plage Venere Azzurra
En saison tous les jours de 9h à 19h.

Se loger

Bien et pas cher

LA MUSA GUEST HOUSE
Località Guercio – Carpione, 12
✆ +39 0187 98 91 02 /
+39 340 87 57 591
www.lamusa.it
info@lamusa.it
Chambre double 85-110 €. Petit déjeuner inclus. Wifi. (Appartement 600-700 €/ semaine + 30 € ménage.)
Charmante petite villa avec piscine, entourée d'un grand jardin, sur les hauteurs à 2 km du centre de Lerici (arrêt de bus tout proche). Aménagement des espaces très soigné aussi bien dans les chambres que dans la salle du petit-déjeuner. Propriétaires accueillants et très serviables.

Confort ou charme

DORIA PARK HOTEL
Via Doria, 2
✆ +39 0187 967 124
www.doriaparkhotel.it
info@doriaparkhotel.it
Double à partir de 120 €. Petit déjeuner inclus. Wifi. Service navette pour le centre-ville.
Légèrement en hauteur par rapport au port et à la Piazza Garibaldi, le Doria Park Hotel entouré de verdure jouit d'une vue magnifique sur le golfe. Les chambres amples, au mobilier et tissus particulièrement bien choisis, sont pourvues de tout le confort. Le petit déjeuner, servi jusqu'à midi, a été récompensé en tant que meilleur petit déjeuner hôtelier en Italie. Le restaurant I Doria propose un menu savoureux de grande qualité, avec comme spécialités les plats de poisson.

FLORIDA
Lungomare Biaggini, 35
✆ +39 0187 96 73 32
www.hotelflorida.it
info@hotelflorida.it
Chambre double 130-190 €, simple 90-130 €. Petit déjeuner inclus. Wifi.
En bord de mer à quelques pas de la plage du centre de Lerici, l'hôtel 3-étoiles fait preuve d'une gestion familiale dynamique et attentionnée. Les chambres fonctionnelles, dans les tons clairs et au décor moderne, ont presque toutes vue sur mer. Bon buffet du petit-déjeuner.

SHELLEY E DELLE PALME
Lungomare Biaggini, 5
✆ +39 0187 968 204
www.hotelshelley.it
info@hotelshelley.it
Simple 80-160 €, double 140-185 € (selon la saison et le type de chambre choisi). Petit déjeuner compris.
La vue depuis les chambres embrasse le golfe des Poètes. Cet hôtel confortable, adresse historique à Lerici, offre une terrasse sur la mer et un centre de bien-être où l'on peut se laisser aller aux massages les plus relaxants. A deux pas du centre-ville et de l'embarcadère pour les excursions vers Portovenere et les Cinque Terre, l'hôtel Shelley constitue une halte de choix dans un cadre idyllique.

Lerici.

RTO MASNOVO – ISTOCKPHOTO

Luxe

PICCOLO HOTEL DEL LIDO
Lungomare Biaggini, 24
✆ +39 0187 96 81 59
www.hoteldellido.it
Chambre double à partir de 230 €. Petit déjeuner inclus. Wifi. Parking.
A quelques pas du centre–ville, un établissement de qualité qui jouit de sa propre plage. Ambiance très fraîche et un brin romantique ; dans les chambres au décor minimaliste, le blanc est roi. Bain à remous. Excellent service.

Se restaurer

IL FRANTOIO
Via Cavour, 21
✆ +39 0187 96 41 74
www.ristoranteilfrantoiolerici.it
Addition 30-50 €.
Le f*rantoio* est le mot italien pour pressoir, du nom du grand pressoir ancien qui trône au milieu de l'une des deux agréables salles. Dans le centre de Lerici, voici une bonne adresse où la cuisine reflète le soleil et les parfums de la Méditerranée. Carbonara aux fruits de mer, triomphe de langoustines, friture de calamars et de crevettes, sauté de moules et carpaccio de saumon ne sont que certains des bons choix de la carte.

LOCANDA MIRANDA
Via Fiascherino, 92
Loc. Tellaro
✆ +39 0187 964 012
www.miranda1959.com
locandamiranda@libero.it
Addition 30-50 €. Fermé le lundi. Chambre double à partir de 120 €.
Une salle lumineuse tapissée d'œuvres d'art contemporain et illuminée par des lampadaires en verre de Murano, où défilent sous vos yeux *gnocchi* aux asperges, filet de saint-pierre aux pommes de terre et petits pois, gambas à la vapeur sauce tomate et basilic et desserts inoubliables comme le *zabaion* aux pignons. Locanda Miranda est aussi une auberge au charme d'autrefois, séduisante à 100 %.On conseille.

PIZZERIA LA GERLA
Via Petricciòli, 4
✆ +39 0187 968 291
www.pizzerialagerla.it
Pizzas de 5 à 10 €. Fermé le jeudi.
Claudio Marchini, le pizzaiolo, a été élu champion du monde de pizza et il ne le cache pas : le petit local de La Gerla déborde de coupes, photos et coupures de presse en son honneur. Disons-le d'emblée : son titre n'est pas usurpé. De la pizza la plus classique jusqu'à ses créations les plus folles, on se régale. D'ailleurs mieux vaut réserver à l'avance, la réputation de Claudio n'est plus à faire…

À voir - À faire

Vous aurez rapidement fait le tour du centre de Lerici, de ses ruelles commerçantes et de sa jolie marina. Depuis la Via Roma centrale, une route panoramique conduit vers l'est à Fiascherino et à Tellaro, deux hameaux particulièrement pittoresques, réputés pour leurs eaux cristallines.

CASTELLO ★
Piazza San Giorgio
✆ +39 0187 969 114
www.castellodilerici.it
Ouverture saisonnière. Du mardi au dimanche de 10h30 à 12h30 et de 14h30 à 18h. Horaires variables selon les saisons.

Entrée 6 €, réduit 4 €. Majoration de 2 € en cas de manifestations.
La construction du château en position stratégique sur la baie débute à l'époque des guerres entre les républiques marinières vers la fin du XIIe siècle. Les Pisans alors vainqueurs sur les Génois construisirent le premier noyau, renforcé ensuite par les Génois qui firent élever la tour pentagonale, le corps principal et les remparts. Une dernière intervention en 1555 lui donna son aspect définitif de forteresse militaire. À l'intérieure une très belle chapelle de style gothique dédiée à Sant'Anastasia Le château est aujourd'hui le siège du Musée géo-paléontologique, créé suite à la découverte d'empreintes préhistoriques dans la région.

FIASCHERINO ★

3 km du centre de Lerici par la SP 26. Bus depuis le centre ville, ligne Lerci-Tellaro.
Ravissante petite localité sur la route qui de Lerici mène jusqu'à Tellaro, Fiascherino rassemble quelques maisonnettes entourées par le maquis méditerranéen. Comme sa voisine Tellaro, le bourg présente les caractéristiques pittoresques des villages ligures, que la construction massive n'a heureusement pas endommagé. L'écrivain anglais D.H. Lawrence vécut entre 1913 et 1914.
Des escaliers descendent du bourg jusqu'à la mer ; vous trouverez ici deux petites anses idéales pour une pause baignade.

TELLARO ★

6 km du centre de Lerici par la SP 26. Bus depuis le centre-ville, ligne Lerci-Tellaro.
Parmi les bourgs les plus pittoresques du Levant ligure, les maisons du centre historique de Tellaro se rassemblent sur un éperon rocheux tendu vers la mer à l'extrémité duquel se trouve la petite église de San Giorgio du XVIe siècle, peinte en rose. Ici vécut pendant plusieurs années l'écrivain Mario Soldati qui lui dédia plusieurs pages pleines d'affection. Depuis la petite place centrale, des sentiers dévalent vers la mer jusqu'à de petites plages, très agréables pour des moments de farniente.

VILLA MAGNI

Loc. San Terenzo
3 km à l'ouest de Lerici
Construite au XVIe siècle en tant que monastère pour les pères Barnabites, la Villa Magni est célèbre pour avoir hébergé Percy Shelley et de sa femme Mary en 1822. Aujourd'hui, la villa est propriété privée et rarement ouverte au public (renseignements à l'office du tourisme de Lerici).

La pieuvre de Tellaro

Une légende populaire raconte qu'au Moyen Age le village de Tellaro fut sauvé d'une attaque de pirates par une pieuvre qui aurait tiré la corde de la cloche de l'église tombée de la falaise... Croyance ou réalité, cette histoire contribue à faire de Tellaro un endroit encore plus enchanteur, qui ressemble à une image de carte postale avec sa petite place ombragée, son église presque sur l'eau et ses ruelles parcourues par des chats solitaires.

Castello de Lerici.

Sports - Détente - Loisirs

■ L'ECO DEL MARE

Via Fiascherino, 4
Loc. Marmozza (route entre Lerici et Tellaro)
✆ +39 0187 96 86 09
www.ecodelmare.it
info@ecodelmare.it
Les deux transats et le parasol entre 60 et 110 € par jour en haute saison.
Un lieu paradisiaque, glamour et... très controversé. Ouvert par la femme du chanteur Zucchero, l'Eco del Mare joue la carte luxe, dans un lieu où l'on ne l'attendrait pas. La crique paradisiaque, entre deux pans de rochers, abrite une plage tout aussi paradisiaque. De larges transats à coussins, des drapés blancs pour s'abriter du soleil, un restaurant gastronomique où les plats sont beaux, bons et aux portions minuscules plutôt onéreuses. Quelques chambres à louer également, évidemment hors de prix. Si tout cela vous intéresse, le coup d'oeil vaut le détour, ne serait-ce que pour siroter un cocktail en soirée, car l'Eco del Mare est aussi *disco-lounge* en été.

■ PLAGE BAIA BLU

Loc. Pozzuolo, Via Santa Teresa.
Située en contrebas de la route qui va de La Spezia à Lerici, longue plage de sable, la plus vaste plage de Lerici est équipée de loueurs de transats, d'un restaurant et même d'une piscine.

■ GOLF CLUB MARIGOLA

Via Biaggini, 5
✆ +39 0187 970 193
www.golfmarigola.it
Ouvert toute l'année.
Un parcours 9 trous qui mérite le détour pour les amateurs de golf : la vue sur l'ensemble du golf des Poètes depuis les *green fees* est à couper le souffle. Bar et restaurant du club-house sont de qualité. Practice, cours pour adultes et enfants.

SARZANA ★★

Située dans la plaine de Magra, à la frontière entre la Ligurie et la Toscane, Sarzana possède à la fois la gaieté des villes ligures et l'élégance des villes toscanes. La ville a toujours occupé une position stratégique, économique et politique importante. La construction des puissants remparts remonte au XIIIe siècle, barrière essentielle pour pouvoir se défendre des attaques des ses voisins auxquelles elle fut périodiquement soumises : Lucca, Pise, Florence et enfin Gênes sous la tutelle de laquelle elle restera pendant trois siècles.

Bien que Sarzana ait souffert des bombardements de la dernière guerre, le tissu urbain central a pu être relativement bien préservé. Le centre historique se situe le long de l'antique route Francigena, qui reliait Rome aux Flandres. Les palais les plus importants se trouvent sur cette artère.

Transports

- **Voiture.** Autoroute A12, sortie Sarzana (101 km de Gênes, 20 km de La Spezia).
- **Train.** Gare de Sarzana (1 heure 30 minutes depuis Genova Principe, entre 12 et 23 minutes depuis La Spezia).
- **Bus.** Bus « S » depuis la gare de La Spezia, en passant par Lerici (www.atpesercizio.it).

Pratique

OFFICE DU TOURISME
Piazza San Giorgio
✆ +39 0187 620 419
www.comunesarzana.gov.it
En été, du mardi au dimanche de 10h à midi et de 17h à 20h.

Se loger

ANTICO CASALE
Via Navonella, 7
✆ + 39 0187 62 25 43 /
+39 348 80 73 183
www.anticocasalesarzana.com
info@anticocasalesarzana.com
Appartements de deux pièces entre 90 et 160 € par jour. Wifi.
Aux portes de Sarzana (1,5 km au sud-est de la ville), une résidence hôtelière aménagée dans une ancienne ferme du XIXe siècle très bien rénovée. Les chambres et les petits appartements sont décorés dans un style rustique et chaleureux avec beaucoup de goût. Piscine, restaurant, barbecue.

B&B PORTA ROMANA
Piazza Firmafede, 2
✆ +39 333 371 1387 /
+39 328 150 7593
www.portaromanasarzana.com
info@portaromanasarzana.com
Simple 40-50 €, double 60-80 € (selon la saison).
Simples mais fonctionnels, les deux petits appartements de ce B&B ont l'avantage d'être au cœur de Sarzana et d'être plutôt bon marché.

LA BIANCA FATTORIA
Via Turi, 120
✆ +39 0187 607 301 /
+39 333 264 399
www.labiancafattoria.com
biancafattoria@alice.it
45 € par personne, 65 € en demi-pension.
Un havre de paix à seulement 2 km du centre de Sarzana, un *agriturismo* gracieux qui garantit un séjour en toute tranquillité. Idéal pour les familles avec enfants, qui pourront profiter des animaux de la ferme.

Se restaurer

Pause gourmande

BIAGI
Via Muccini, 11b
✆ +39 0187 621 869
www.biagi.it
info@biagi.it
Pour un bon *gelato,* rendez-vous chez Biagi, le plus ancien glacier de Sarzana. Au choix : glaces à la crème, aux fruits, et *semifreddi* (sorte de parfait glacé).

GEMMI
Via Mazzini, 21/23
✆ +39 0187 620 165
www.pasticceriagemmi.it
Pâtisserie, salon de thé, glacier, ce café fait partie des boutiques historiques de la ville. Il est situé dans un ancien palais avec une jolie terrasse avec loggia qui fait aussi restaurant. Ses spécialités sont les *spungate*, des pâtisseries à l'œuf et à la pâte d'amande.

Bien et pas cher

LA GIARA
Via Bertoloni, 35
✆ +39 0187 61 00 73
www.lagiarasarzana.com

Addition 20-30 €. Fermé le lundi et les mardis et mercredis midi.
Une ancienne *osteria* où l'ambiance est inchangée depuis le début du XXe siècle. Comptoir en zinc, petites salles au décor caractéristique et une savoureuse cuisine spécialisée dans les produits de la mer, rigoureusement préparée à l'huile d'olive.

Bonnes tables

LA CANTINA DEL VESCOVO

Via Mazzini, 82
✆ +39 0187 621 943
www.lacantinadelvescovo.it
info@lacantinadelvescovo.it
Addition 30-50 €. Fermé le mercredi et le dimanche soir.
Laissez-vous séduire par le cadre charmant de la Cantina del Vescovo (la cave de l'évêque). Attablé dans une salle voûtée du XIIIe siècle, autour d'une marelle d'époque, on savoure une cuisine traditionnelle, dont la viande et le poisson sont les points forts.

I CAPITELLI

Piazza Matteotti Giacomo,38
✆ +39 0187 69 14 45
www.ristoranteicapitelli.it
Addition 35-60 €. Fermé lundi et mardi midi.
Une table sophistiquée dans le cadre évocateur d'un ancien entrepôt marchand du centre-ville. En saison les tables envahissent la terrasse sous les arcades de la Piazza Matteotti. Aux fourneaux, le cuisinier travaille les produits frais avec art et beaucoup de talent. Les origines émiliennes du propriétaire amènent sur la table, à côté des poissons frais et du pesto, la charcuterie et les raviolis typiques de l'Italie centrale.

À voir - À faire

Le centre historique de Sarzana se rassemble autour de l'artère centrale, Via G. Mazzini.
Jolis commerces, anciennes églises et hôtels particuliers décorent toutes les rues du centre-ville.

ÉGLISE SANTA MARIA ASSUNTA ★

Piazza Niccolo V
Cette cathédrale représente à elle seule un témoignage de plusieurs courants artistiques : un portail roman, un fronton gothique, des autels, plafonds et peintures baroques. La pièce maîtresse est cependant le *Crucifix* de Maestro Guglielmo, datée 1138. Il s'agit du plus ancien crucifix sur bois au monde.

Eglise Santa Maria Assunta.

VISITE

ÉGLISE SAN FRANCESCO ★

Via Agostino Paci, 2

L'église rénovée, date du XIIIe siècle. Parmi les œuvres d'art conservées à l'intérieur le tombeau de Barnabo Malaspina (1338-1342) et celui de Guraniero degli Antelminelli (1324-1328), les deux appartenant aux familles plus influentes de Sarzana.

PIAZZA MATTEOTTI ★

La place principale de Sarzana nécessita des travaux de plusieurs siècles (XIe-XVIe) pour parvenir à son aspect actuel. Elle est bordée par une série d'élégants palais allant du XVIe au XVIIIe siècle.

FORTEZZA FIRMAFEDE ★

Via Cittadella

Du lundi au vendredi 10h-16h, samedi et dimanche 10h-18h. Entrée 3,50 €, réduit 3 €.

Imposante forteresse militaire voulue par Laurent le Magnifique (1449-1492) construite entre 1488 et 1492 sur les fondements d'une précédente forteresse pisane, quand la ville était sous domination des Médicis.

Le plan rectangulaire aux six bastions est à attribuer aux grands architectes Giuliano da Sangallo, le Francione et Luca del Caprina.

PIEVE DI SANT'ANDREA ★

Via G. Mazzini

Sant'Andrea est l'église la plus ancienne de Sarzana datée du Xe siècle (le mot *pieve* désigne une église très ancienne). Remanié en 1330 et en 1579, l'édifice a perdu ses caractéristiques romanes, tout en conservant une impressionnante façade en pierre. L'ajout le plus flagrant est le portail aux cariatides en façade, clairement rapporté d'une demeure civile.

A l'intérieur sont conservés un baptistère et une fournaise pour la fabrication des cloches.

PENSE FUTÉ

Riomaggiore.

PENSE FUTÉ

Argent

- **Monnaie :** l'euro (€).
- **Coût de la vie :** Les Cinque Terre réservent des solutions adaptées à toutes les bourses. Si l'on ne peut les qualifier proprement de destination bon marché, il faut cependant souligner que les tarifs varient considérablement selon la saison.
- **Moyens de paiement :** L'Italie étant un pays de la zone Euro, vous pouvez y effectuer vos retraits et paiements par carte bancaire (Visa, MasterCard, etc.) comme vous le feriez en France. Inutile d'emporter des sommes importantes en liquide. Tous vos paiements par carte sont gratuits et vos retraits sont soumis aux mêmes conditions tarifaires que ceux qui sont effectués en France (ils sont donc gratuits pour la plupart des cartes bancaires). Mais attention, certains petits commerces ne disposent pas de machine à carte. Pensez à avoir toujours de la monnaie sur vous.
- **Marchandage :** il n'est pas d'usage de marchander les prix ni dans les établissements (hôtels et restaurants), ni dans les boutiques. Eventuellement sur les marché, tout comme en France.
- **Pourboires :** recommandés dans les restaurants (en général entre 5 et 10 % de l'addition) ainsi que pour le personnel des hôtels d'un certain *standing* si votre séjour s'est prolongé plusieurs jours, et bien sûr, si vous êtes satisfaits du service.

Bagages

Préférez des vêtements pratiques pour les visites la journée, et quelques pièces plus coquettes pour sortir le soir, car aux Cinque Terre, surtout en haute saison, il convient toujours de s'arranger quelque peu en soirée, comme dans le reste de l'Italie *anche l'occhio vuole la sua parte* . (littéralement : « l'œil aussi veut sa part »).
N'oubliez pas d'emmener de bonne chaussures de marche si vous prévoyez de partir en randonnée et une veste imperméable pour vous protéger du vent et de la pluie au printemps et en automne. En été (mais pas seulement !), mettez dans votre valise de belles lunettes de soleil et surtout n'oubliez pas votre maillot de bain !

Électricité

L'Italie est branchée sur 220 volts comme le reste de l'Europe continentale. Cependant attention, car certains établissements un peu datés peuvent n'avoir que des prises à deux embranchements (et non trois comme en France).

La tradition italienne dans les rues de Corniglia.

Eglise San Giovanni Battista de Riomaggiore.

Faire - Ne pas faire

Faire

- **Profiter** du service de navigation qui relie les cinq villages entre eux et contempler le paysage de carte postale que l'on peut contempler en arrivant par la mer.
- **Descendre** dans l'une des petites criques rocheuses entre un bourg et l'autre, et plonger dans les eaux bleues de la réserve marine protégée.
- **Monter** jusqu'à l'un des sanctuaires qui veillent sur chacun des cinq bourgs et contempler la vue inoubliable dont on jouit depuis là-haut.

Ne pas faire

- **Eviter** de choisir le mois d'août pour découvrir les Cinque Terre. L'afflux de touristes pourrait gâcher quelque peu votre perception de tranquillité qui émane des paysages de la région.
- **Comme Venise ou Paris**, les Cinque Terre et le Golfe des Poètes ont leur lot d'adresses attrape-touristes. Méfiez-vous des menus traduits en cinq langues ainsi que des boutiques de souvenirs bon marché.
- **Venir en voiture**. Nul besoin d'un véhicule pour rejoindre les Cinque Terre ; cela vous coûtera bien cher de le garer dans l'un des parkings de Monterosso ou de Manarala, pour au final ne jamais vous en servir.

Vous aurez donc besoin d'un adaptateur, que vous trouverez facilement en vente dans le commerce.

Formalités

- **Citoyens de l'Union européenne et citoyens suisses.** Pour un séjour inférieur à trois mois : carte d'identité ou passeport périmé depuis moins de cinq ans. Au-delà des trois mois, il faut se faire délivrer par la *Questura* (préfecture) le *permesso di soggiorno* (carte de séjour) qui sera valable pour une période de cinq ans.
- **Citoyens canadiens.** Pour un séjour inférieur à trois mois : passeport en cours de validité. Pas de visa. Au-delà de trois mois, demandez un visa à l'ambassade ou au consulat italien le plus proche, ou faites-vous délivrer sur place par la *Questura* une prolongation de trois mois (rarement délivrée).
- **Perte ou vol des documents d'identité.** Vous devez déclarer la perte à la police italienne et vous rendre ensuite à votre consulat avec l'attestation que l'on vous aura délivrée.

Langues parlées

L'italien, teinté des nuances du dialecte ligure. Les offices du tourisme et les structures d'accueil sauront généralement vous renseigner en anglais et avec un peu de chance, même en français ! De toute façon, soyez rassurés, l'intérêt des Cinque Terre aux yeux d'une clientèle internationale, a fait en sorte que bon nombre d'informations pratiques pour circuler à l'intérieur du Parc vous seront délivrées automatiquement en plusieurs langues, dont le français.

Quand partir ?

Grâce à leur climat tempéré, les Cinque Terre sont une destination agréable tout au long de l'année. L'été est la meilleure saison pour profiter de la mer malgré la foule de vacanciers, mais le printemps et le début de l'automne restent les plus indiqués pour ceux qui souhaitent profiter des randonnées.

Santé

Peu de risques – pas plus qu'en France – de contamination spéciale ou de carence dans l'aide d'urgence. Les secours sont fort bien organisés, et le téléphone mobile fonctionne bien partout, ce qui permet une alerte rapide en cas de problème. Comme ailleurs, prévoyez une petite trousse à pharmacie comprenant notamment des produits anti-moustiques et des pansements. Les problèmes fréquents demeurent les insolations et les infections oculaires provoquées par la non-utilisation de lunettes de soleil. Vous pouvez d'ores et déjà vous munir, avant de partir, du nécessaire pour parer à toutes ces éventualités. Enfin, soyez prudents vis-à-vis des maladies du siècle. Aucun vaccin particulier n'est requis pour se rendre en Italie.

Sécurité

Comme vous le feriez en France, vous n'avez pas intérêt à laisser votre sac ouvert en bandoulière, surtout dans les trains qui desservent les villages. Mais à part ça, nulle raison de se sentir particulièrement menacé.
Cependant, restez vigilants, si vous voyagez en automne ou en hiver, en période de forte pluie. Le territoire fragile du Parc National des Cinque Terre souffre souvent de précipitations violentes qui risquent d'entraîner éboulements et mouvements de terrain. Dans ces cas précis, suivez strictement les consignes des autorités.

Numéros Utiles

- **Urgences** (numéro commun à tous les pays de l'Union Européenne) : 112.
- **Police** : 113.
- **Pompiers** (*Vigili del Fuoco*) : 115.
- **Incendies de forêts** (*Guardia Forestale*) : 1515.
- **Assistance routière** : 80 38 03.
- **Dépannage routier** (*ACI – Automobile Club Italia*) : 80 31 16.

Police. En Italie, il y a trois types de police : la *Polizia di Stato* (police nationale), les *Carabinieri*, un corps qui existe depuis plus de 150 ans et qui a la même fonction que la police nationale, et les *Vigili*, agents de la police municipale chargés de la gestion de la circulation urbaine et des petites affaires domestiques. En tant que touriste, vous aurez plutôt affaire à la *Polizia* (un agent est un *poliziotto*) ou aux *Carabinieri* (un agent est un *carabiniere*).

Voyageur handicapé : La géographie particulière du territoire des Cinque Terre et le tissu médiéval inchangé de chacun des cinq villages ne facilitent pas l'accès aux personnes à mobilité réduite.
Pourtant de nombreux services ont été mis en place pour faciliter les déplacements et l'accès aux différentes structures, en particulier sur les sites hôteliers ainsi que les bus navettes du Parc National des Cinque Terre.

Voyager avec des enfants. Les Cinque Terre sont une destination qui convient particulièrement au voyage avec des enfants. Non seulement pour le climat, la mer, la plage et les espaces verts, mais aussi pour un nombre important de structures et d'activités qui leur sont spécialement dédiées. Promenades, sports nautiques et après-midis de plage sauront meubler vos journées. Sans oublier que les glaces italiennes restent parmi les goûters incontournables des plus petits. Un seul reproche : escaliers, ruelles étroites, montées et descentes ne sont pas toujours pratiques pour la circulation des poussettes.

Femme seule. Aucune contre-indication particulière pour la voyageuse qui souhaite arpenter les Cinque Terre et le golfe de La Spezia en solitaire. La population, féminine et masculine, est généralement très accueillante. Les principaux périls, comme dans le reste de l'Italie, se résument bien souvent en quelques compliments fleuris, voire un sifflet macho...
Mais l'enquiquinant mâle ose rarement aller plus loin. En cas de difficulté, vous trouverez facilement de l'aide auprès des *carabinieri* ou de la population locale.

Voyageur gay & lesbien. Sachez que l'attitude des Italiens envers l'homosexualité a tendance à être beaucoup plus conservatrice que dans les autres pays d'Europe occidentale. Cependant des courants de pensée plus libéraux prennent de plus en plus d'importance, bien qu'ils rencontrent encore une vive opposition de la part des conservateurs.

Téléphone

Pour appeler d'Italie vers la France, composez le +33 suivi du numéro de votre correspondant sans le 0.

Pour appeler de France vers l'Italie, composez le +39 + indicatif de la ville toujours précédé du 0 + le numéro du correspondant (ce dernier peut comprendre jusqu'à 11 chiffres).

Pour téléphoner vers un téléphone mobile : +39 + indicatif du mobile (généralement composé de 333, 339, 348, mais d'autres indicatifs existent), jamais précédé du 0 (ex. : 00 33 + 339) + n° du correspondant (ce dernier peut comprendre de 6 à 11 chiffres).

Renseignements : Vous pouvez aussi utiliser les renseignements sur Internet sur les sites www.paginegialle.it (Pages jaunes italiennes) – www.paginebianche.it (Pages blanches).

Utiliser son téléphone mobile : Si vous souhaitez garder votre forfait français, il faudra avant de partir, activer l'option internationale (en général activée par défaut) en appelant le service clients de votre opérateur. Assurez-vous au préalable que votre appareil soit compatible avec votre destination.

Qui paie quoi ? La règle est la même chez tous les opérateurs. Lorsque vous utilisez votre téléphone français à l'étranger, vous payez la communication, que vous émettiez l'appel ou que vous le receviez. Dans le cas d'un appel reçu, votre correspondant paie lui aussi, mais seulement le prix d'une communication locale. Tous les appels passés depuis ou vers l'étranger sont hors forfait, y compris ceux qui vont vers la boîte vocale.

Roaming : ce système d'accord entre opérateurs internationaux permet au nouveau réseau du pays sur lequel on se trouve, de s'afficher automatiquement sur votre portable quelques minutes après avoir passé la frontière. En général, un sms vous propose alors un *pack* voyage plus ou moins avantageux selon votre type de forfait. A vous de voir...

Téléphones publics : en Italie, vous pourrez appeler depuis les *Cabine telefoniche* (cabines téléphoniques) présentes généralement partout dans les halls des gare et sur les places principales. Dans les centres d'appels, on vous fera remplir un formulaire et parfois on vous demandera une caution. Malheureusement, vous ne pourrez pas utiliser vos pièces de monnaie car pratiquement tous les téléphones à pièces ont été remplacés par les téléphones à carte. Il faudra donc que vous vous procuriez une *carta* ou *scheda telefonica* vendue dans les bureaux de tabac (*tabacchi*), les bureaux des transports en commun, les kiosques à journaux et les centres d'appels publics. Il existe trois types de cartes téléphoniques nationales : les plus répandues sont à 5 €, 10 € et 12 €. Enfin, quelques – rares – postes téléphoniques accepteront votre carte de crédit, mais le système est encore peu répandu en Italie.

S'informer - Médias

L'Italie a aujourd'hui encore un nombre important de publications de presse écrite, qu'elle soit quotidienne, hebdomadaire ou périodique. Toutes les tendances, politique, économique, sociologique et culturelle sont ainsi représentées et diffusées. Chaque province édite son propre quotidien, celui de Gênes (sans doute le plus diffusé dans toute la Ligurie) étant le Secolo XIX. Autrement, le journal le plus diffusé dans le pays est le milanais *Corriere della Sera*.

Côté télévision, les audiences se partagent essentiellement entre les chaînes de la RAI, la télévision publique, et celles de Mediaset, gérées par la famille Berlusconi. Si les étrangers se plaignent souvent de la qualité des programmes, l'information est en revanche de haute qualité et toujours très exhaustive.

Parmis les journaux, voici les principaux du pays :

Corriere della Sera. Le quotidien historique de la ville de Milan et de l'Italie depuis 1876 : www.corriere.it

La Repubblica. Deuxième quotidien national par le nombre de copies distribuées depuis 1976 : www.repubblica.it

BIBLIOGRAPHIE

- **Calvino (Italo),** *Le Baron perché*, Gallimard, 1976.
- **Chateaubriand (François-René de),** *Voyage en Italie*, La Bibliothèque des Arts, 1995.
- **Dante Alighieri,** *La Divine Comédie*, Gallimard, coll. « Folio », 2007.
- **Eco (Umberto),** *Baudolino*, Livre de Poche, 2000.
- **Gautier (Théophile),** *Italia : voyage en Italie*, La Boîte à Documents, 1997.
- **Giono (Jean),** *Voyage en Italie*, Gallimard, coll. « Folio », 1979.
- **Goethe,** *Voyage en Italie*, Christian de Bartillat, 2003.
- **Montaigne (Michel de),** *Journal de voyage en Italie*, Livre de Poche, LGF, 1974.
- **Montale (Eugenio),** *Poèmes choisis*, Livre de Poche, 1991.
- **Morante (Elsa)**, *La Storia*, deux volumes, Gallimard, 1987.
- **Moravia (Alberto),** *Les Indifférents (1929), L'Ennui (1960), Le Conformiste, Le Voyage à Rome (1989),* Flammarion.
- **Pasolini (Pier Paolo),** *Une vie violente*, 10–18, 1998.
- **Pirandello (Luigi),** *Feu Mathias Pascal*, Calmann-Levy, 2003.
- **Sade,** *Voyage d'Italie*, Fayard, 1995.
- **Soldati (Mario)**, *L'épouse américaine*, Broché, 2011.
- **Staël (Madame de),** *Corinne ou l'Italie*, Gallimard, coll. « Folio », 1985.
- **Stendhal,** *Voyage en Italie*, Gallimard, coll. « Folio », 1997. *Chroniques italiennes*, Flammarion, 1993.

Essais sur le contexte politique en Italie :

- **Bocca (Giorgio),** *L'Enfer : enquête au pays de la mafia*, Payot, 1993.
- **Imposimato (Ferdinando),** *Un juge en Italie. Pouvoir, corruption, terrorisme : les dossiers noirs de la mafia*, Bernard de Fallois Editeur, 2000.
- **Lazar (Marc),** *L'Italie sur le fil du rasoir : Changements et continuités de l'Italie contemporaine*, Librairie Académique Perrin, Paris, 2009.
- **Procacci (Giuliano),** *Histoire des Italiens*, Fayard, 1998.
- **Raffone (Paolo),** *L'Italie en marche, Chroniques et témoignages*, Marabout, coll. « Le Monde Poche », 1998.

Dans les rues de Manarola.

- ***La Gazzetta dello Sport.*** Premier quotodien sportif du pays : www.gazzetta.it
- ***Il Sole 24 Ore.*** Journal économique et financier dont le siège est à Milan : www.ilsole24ore.com

Et voici les chaînes de télévision incontournables :

- **Rai 1, Rai 2, Rai 3.** Les trois chaînes publiques généralistes du groupe audiovisuel RAI.
- **Rete 4, Canale 5, Italia 1.** Les chaînes du groupe privé Mediaset, fondé par Silvio Berlusconi en 1978.

AMBASSADE D'ITALIE

51, rue de Varenne (7e)
Paris ✆ 01 49 54 03 00
www.ambparigi.esteri.it
ambasciata.parigi@esteri.it
Consulat dans toutes les grandes villes de France. Ambassade de Paris ouverte du lundi au vendredi de 9h à 13h et de 14h à 17h.

ENIT FRANCE

23, rue de la Paix (2e)
Paris
www.enit.it
infoitalie.paris@enit.it
Ouvert de 11h à 16h45 du lundi au vendredi.Informations données uniquement pas mail, pas par téléphone.
L'ENIT, l'office national italien pour le tourisme, comme son nom l'indique, est une institution appartenant au ministère du Tourisme italien chargée de la promotion touristique de l'Italie à l'étranger. En visitant leur site Internet ou leur siège de Paris, ou en faisant un simple appel téléphonique, vous pourrez vous informer sur les dernières initiatives mises en œuvre par les différentes régions et villes italiennes. Vous pourrez également vous procurer les derniers prospectus (en français et en italien) édités par les offices du tourisme de la ville ou de la région que vous pensez visiter. Malheureusement, vous n'aurez pas tout le matériel disponible en Italie mais vous pouvez avoir plus d'informations soit sur place, soit en consultant les sites Internet des offices du tourisme et les sites officiels des mairies, provinces et régions italiennes.
En effet, une fois sur place, dans toutes les grandes villes et pratiquement dans toutes les agglomérations d'importance touristique et même dans de petits villages, vous trouverez un office du tourisme ou un point d'informations, généralement appelés APT (Azienda di Promozione Turistica). La documentation proposée par ces bureaux est inégale mais généralement assez importante. Notamment vous pourrez vous procurer des plans de la ville, les offres concernant les transports, les horaires d'ouverture des musées, une liste d'hôtels et une liste de tous les systèmes de logements à disposition.

INDEX

A

B

C

D

E

N - O

P

Q - R

S

T

V

EDITION

Directeurs de collection et auteurs :
Dominique AUZIAS et Jean-Paul LABOURDETTE

Auteurs : Antoine RICHARD, Marie-Isabelle CORRADI, Jean-Paul LABOURDETTE, Dominique AUZIAS et alter

Directeur Editorial : Stéphan SZEREMETA
Responsable Editorial Monde :
Patrick MARINGE

Rédaction Monde : Caroline MICHELOT, Morgane VESLIN, Pierre-Yves SOUCHET, Talatah FAVREAU, Hector BARON

Rédaction France : François TOURNIE, Maurane CHEVALIER, Silvia FOLIGNO, Bénédicte PETIT

FABRICATION

Responsable Studio : Sophie LECHERTIER assistée de Romain AUDREN

Maquette et Montage : Julie BORDES, Élodie CLAVIER, Sandrine MECKING, Delphine PAGANO, Laurie PILLOIS

Iconographie et Cartographie : Audrey LALOY

WEB ET NUMERIQUE

Directeur Web : Louis GENEAU de LAMARLIERE

Directeur technique : Lionel CAZAUMAYOU

Chef de projet et développeurs :
Jean-Marc REYMUND, Cédric MAILLOUX, Florian FAZER et Anthony GUYOT

Community Manager : Cyprien de CANSON

DIRECTION COMMERCIALE

Directrice des Régies : Caroline CHOLLET

Responsable Régies locales :
Michel GRANSEIGNE

Relation Clientèle : Vimla MEETTOO et Sandra RUFFIEUX

Chefs de Publicité Régie nationale :
Caroline AUBRY, François BRIANCON-MARJOLLET, Perrine DE CARNE MARCEIN, Caroline GENTELET, Florian MEYBERGER, Caroline PREAU

REGIE INTERNATIONALE

Chefs de Publicité : Jean-Marc FARAGUET, Guillaume LABOUREUR, assistés d'Elisa MORLAND

DIFFUSION ET PROMOTION

Directrice des Ventes : Bénédicte MOULET assistée d'Aissatou DIOP, Alicia FILANKEMBO

Responsable des ventes : Jean-Pierre GHEZ assisté de Nathalie GONCALVES

Relations Presse-Partenariats : Jean-Mary MARCHAL

ADMINISTRATION

Président : Jean-Paul LABOURDETTE

Directeur Administratif et Financier :
Gérard BRODIN

Directrice des Ressources Humaines :
Dina BOURDEAU assistée de Sandra MORAIS et Vianney LAVERNE

Responsable informatique :
Pascal LE GOFF

Responsable Comptabilité :
Valérie DECOTTIGNIES assistée de Jeannine DEMIRDJIAN, Oumy DIOUF, Christelle MANEBARD et de Adrien PRIGENT

Recouvrement : Fabien BONNAN assisté de Sandra BRIJLALL

Standard : Jehanne AOUMEUR

CARNET DE VOYAGE CINQUE TERRE 2016

ÉDITIONS DOMINIQUE AUZIAS & ASSOCIÉS©
18, rue des Volontaires - 75015 Paris
Tél. : 33 1 53 69 70 00 - Fax : 33 1 53 69 70 62
Petit Futé, Petit Malin, Globe Trotter, Country Guides et City Guides sont des marques déposées ™®©
Couverture : Cinqueterre - Riomaggiore village © STEVANZZ
Imprimé en France par
IMPRIMERIE CHIRAT - 42540 Saint-Just-la-Pendue
Dépôt légal : 19/01/2016
ISBN : 9782746996472

Pour nous contacter par email, indiquez le nom de famille en minuscule suivi de @petitfute.com
Pour le courrier des lecteurs : country@petitfute.com

IMPRIMÉ EN FRANCE

PEFC
10-31-1895
Certifié PEFC
Ce produit est issu de forêts gérées durablement et de sources contrôlées.
pefc-france.org